Eva-Maria Bablick / Michael Tschakert

Mathe kreativ

Bildgesteuerte offene Aufgaben

Arbeitsblätter für einen spannenden
Mathematikunterricht

5./6. Klasse

Kopiervorlagen mit Lösungen

Gedruckt auf umweltbewusst gefertigtem, chlorfrei gebleichtem
und alterungsbeständigem Papier.

2. Auflage 2021

Layout/Satz: PrePress-Salumae.com, Kaisheim

ISBN 978-3-95660-**372**-3

www.brigg-verlag.de

Mathe kreativ

„Die Mathematik, recht betrachtet, besitzt nicht nur Wahrheit, sondern auch höchste Schönheit – eine kalte und strenge Schönheit gleich einer Skulptur, ohne Anziehungskraft für irgendeine unserer schwächeren Seiten, ohne die prächtigen Anreize der Malerei oder der Musik, aber von erhabener Reinheit und einer strengen Vollendung, wie sie nur höchste Kunst aufweisen kann."

(Bertrand Russell)

Liebe Kolleg/-innen,

Mathematik wird nicht sehr häufig als Lieblingsfach von Schülern genannt. Sie gilt in den Köpfen vieler als schwierige Disziplin, die Inhalte der Aufgaben wirken unrealistisch konstruiert, der Mathematikunterricht wird unanschaulich und deduktiv beschrieben. Die Folge sind Misserfolgserlebnisse, was Lernen blockiert. Ein Mathematiklehrer, der seine Schüler an der Tafel beim Vorrechnen einer komplexen Aufgabe blamiert, ist sich dessen vielleicht gar nicht bewusst, dass Lernsituationen durch mit ihnen verkoppelte schlechte Erfahrungen mit Angst besetzt werden. Dies führt zu einer Spirale negativer Verstärkung. Das Denken wird blockiert, was wiederum zu einer negativen Rückmeldung führt, welche die Angst vor der Mathematik verstärkt und das Denken nachhaltig hemmt.

Auch ist unter Schülern die Ansicht verbreitet, dass Mathematik etwas Statisches ist, nur Produkte und Algorithmen in den Vordergrund stellt und nichts Lebendiges, Dynamisches, Spannendes und Neues an sich hat.

Die hier vorliegenden bildgesteuerten Aufgaben intendieren eine andere Ansicht von Mathematik. Sie erlauben dem Schüler, selbstständig mathematisch kreativ zu werden und ein Stück eigene Mathematik zu schaffen. Bei offenen Aufgaben geht es nicht nur um richtig oder falsch, sondern um das Aufwerfen von Fragen und Infragestellen von Sachverhalten oder Darstellungen zu mathematischen Themen, um das Entdecken und Erfinden mathematischer Zusammenhänge, um Problemlösemethoden und Beschreibungsmöglichkeiten von Alltagszusammenhängen, um ein Finden und Ausprobieren neuer, subjektiver und evtl. unkonventioneller Problemlösungen sowie das Variieren und Erfinden eigener Aufgaben, alleine und im Team.

Öffnen Sie sich und Ihren Unterricht für die „andere Seite der Mathematik", indem Sie Ihre Schüler auf das Spielfeld der Mathematik lassen!

Wir wünschen Ihnen und Ihren Schülern viel Freude und neue Erkenntnisse!

Eva-Maria Bablick
Michael Tschakert

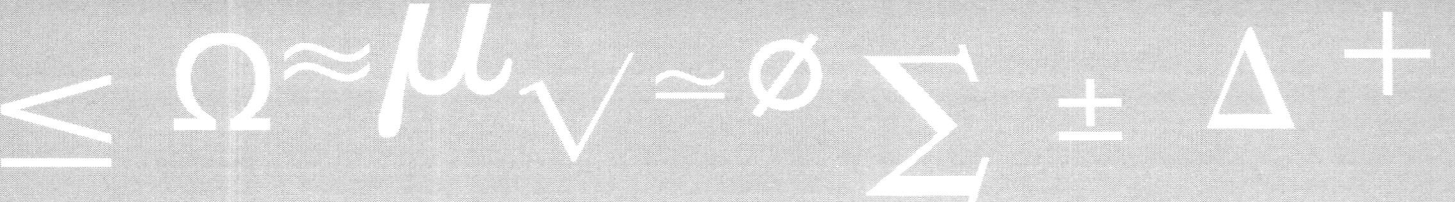

Legitimation

Wieso offene Aufgaben?

- Offene Aufgaben machen Schüler offen für Mathematik.
- Sie fördern den kreativen Umgang mit Mathematik.
- Sie erlauben und fördern das eigenverantwortliche Arbeiten.
- Sie fördern Teamfähigkeit.
- Es gibt nicht ***den*** Lösungsweg und ***die*** Lösung. Das motiviert die Schüler/-innen.
- Es findet eine natürliche Differenzierung statt, da der Schüler/die Schülerin selbst den Schwierigkeitsgrad der Aufgabe wählt.

Der Vorteil von Bildimpulsen:

- Anregende, ungewöhnliche Bilder haben einen großen Aufforderungscharakter.
- Bilder lassen eine große Offenheit zu und schaffen Freiräume für mathematisches und problemlösendes Denken.
- Modellbildungsprozesse werden initiiert, die Lösungsstrategien hervorbringen.
- Der Schüler erlernt mathematische Strategien wie: Fragen stellen, abschätzen, Beziehungen und Zusammenhänge herstellen, mathematisch relevante Dinge herausfiltern, Alltagstätigkeiten (schätzen, kopfrechnen, interpretieren) werden geübt.
- Die „andere Seite der Mathematik", die schöne und anregende, wird vermittelt.

Die „Operative Gesamtbehandlung" bei bildgesteuerten Aufgaben:

• Zur Kompositionsfähigkeit:
Mathematisch relevante Informationen müssen aus dem Bild herausgefiltert und in die mathematische Sprache übersetzt werden. Eine Aufgabe entsteht.
Das Herausgefilterte muss so verkettet werden, dass durch Operationen eine Lösung des Problems möglich wird.

• Zur Assoziativität:
Bilder evozieren viele Assoziationen, erlauben kreatives, problemorientiertes Denken.
Bildgesteuerte Aufgaben fördern die Auseinandersetzung mit verschiedenen Lösungswegen.

• Zur Reversibilität:
Beim Planen, Entwerfen, Komponieren einer Aufgabe wird beim Schüler zunehmend das Verständnis für den Zusammenhang zwischen Operation und Gegenoperation geweckt.
Aufgabenformen wie Tauschaufgaben, Probeaufgaben oder Umkehraufgaben werden geschult.

Zum Umgang mit den Bildern und Aufgaben

1 • Legen Sie ein Bild auf und lassen Sie die Schüler (ohne zunächst auf mathematische Zusammenhänge zu achten) das Gesehene verbalisieren.

2 • Im Unterrichtsgespräch soll der Fokus zunehmend auf mathematische Dinge gelenkt werden. Die ersten Fragen (bzw. Aufgaben) tauchen auf und können unter Umständen auch schriftlich fixiert werden. Die Schüler können alleine, mit Partner oder im Team arbeiten.

3 • Die Arbeitsblätter können je nach Intention eingesetzt werden: als Anregung, als Differenzierung, als erweitertes Lernangebot etc. Die Aufgaben werden zunehmend (beim 2. Arbeitsblatt) geschlossener (textgebundener), um Formelkenntnisse und Lösungswege zu festigen.

Die Bedeutung der Piktogramme:

Was ist das?
Welche Informationen kann ich dem Bild entnehmen?
Ein beliebig ausgedehntes Assoziogramm wird erstellt.

Auf den 1. Blick:
Welche mathematisch relevanten Probleme (Aufgaben) fallen sofort ins Auge?

Auf den 2. Blick:
Bei genauerem Hinsehen und mit ein paar weiteren Angaben können weitere Aufgaben gefunden werden.

Schätzen:
Schätzen erfordert viel Erfahrung sowie Bezugspunkte und kann trainiert werden.

Skizzieren/Zeichnen:
Hier lösen sich viele Probleme von selbst. Zeichnungen offenbaren Erkenntnisse.

Bauen/Legen:
Räumliches Denken und Kombinatorik werden geschult.

Für Profis:
Schwierigere Aufgaben liegen in zum Teil geschlossener, textgebundener Form vor.

Komische Aufgaben:
Hier ist Mut zu ungewöhnlichen Aufgaben gefragt, der Reiz utopischer Ideen wird geweckt, scheinbar nicht Kombinierbares findet zusammen.

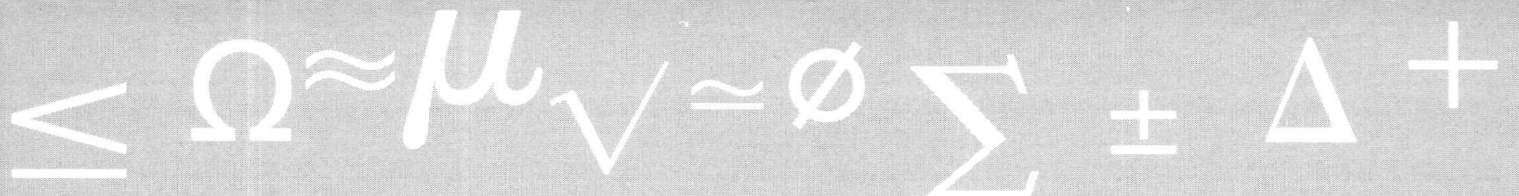

Beispiel für das Assoziogramm eines Schülers

Ist das Kunst?

Welche geometrischen Formen erkennst du?

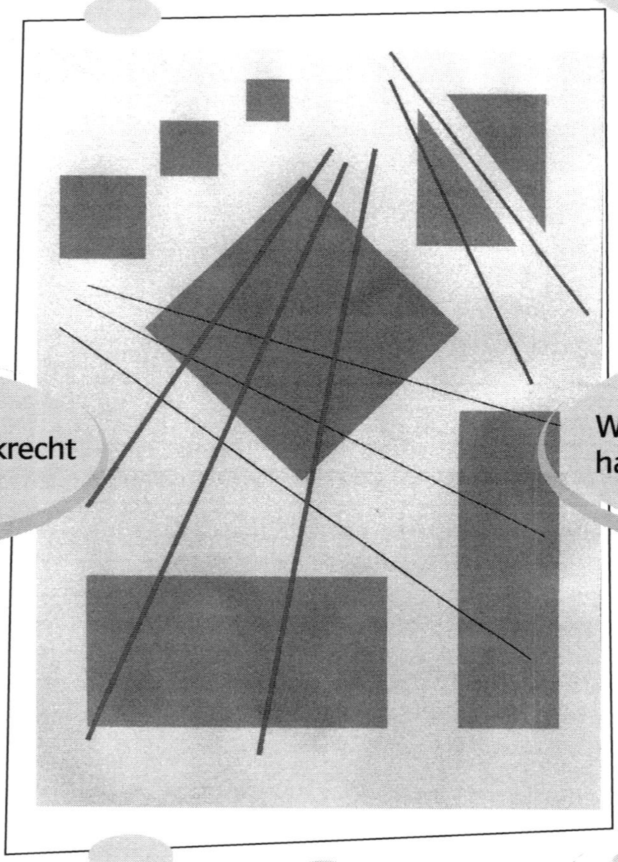

Sind die Linien parallel oder senkrecht zueinander?

Welche Gesamtlänge haben die Strecken?

Wie groß sind die einzelnen Flächen?

Wer hat das Bild gemalt und warum?

Sind das alles Rechtecke?

INHALT

Name: ______________________ Klasse: ______

1 • Hoch hinaus

Ergänze die Mindmap!

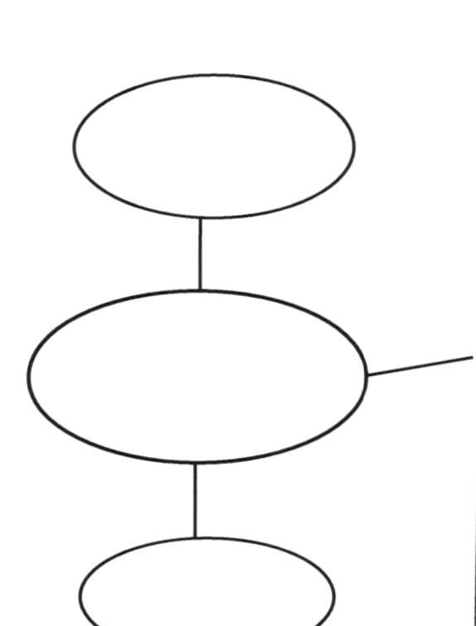

Wand

Formuliere eine einfache Rechenaufgabe zu dem Bild und berechne!

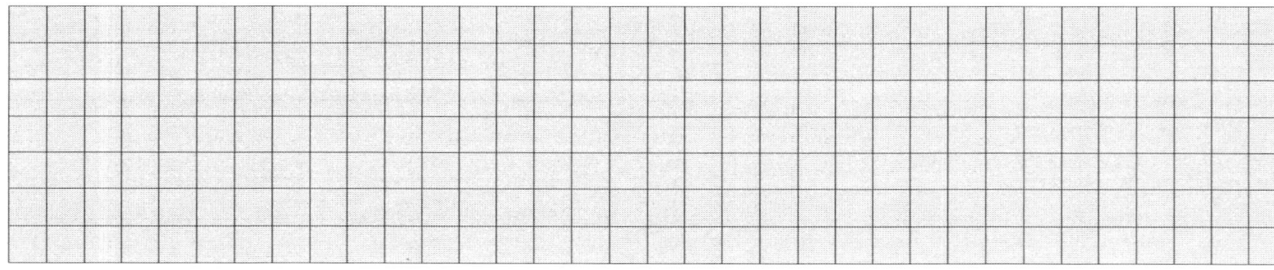

a) Zeichne die Kletterwand 20 cm groß und anschließend im richtigen Größenverhältnis den Schüler, der gerade klettert, in deine Zeichnung. Zeichne außerdem die rote Linie (siehe Farbfolie) im richtigen Verhältnis ein. (Wozu dient die rote Linie?)

b) Zeichne rechts neben die Kletterwand einen Baum, der halb so hoch wie die Wand ist, und links einen Baum, der ein Viertel der Höhe hat.

c) Von oben hängt ein Seil herab, das ein Drittel der Gesamthöhe der Wand hat. Zeichne es.

Name: ______________________ Klasse: ________

Im unten abgebildeten Datenkasten findest du interessante Informationen.
Erfinde eine weitere Aufgabe.

DATEN:

Höhe der Kletterwand: 11 m
Körpergröße von Christian: 1,70 m
Durchschnittl. Klettergeschwindigkeit:
- leichter Bereich rechts: 1 m in 15 Sek.
- schwerer Bereich links: 1 m in 32 Sek.

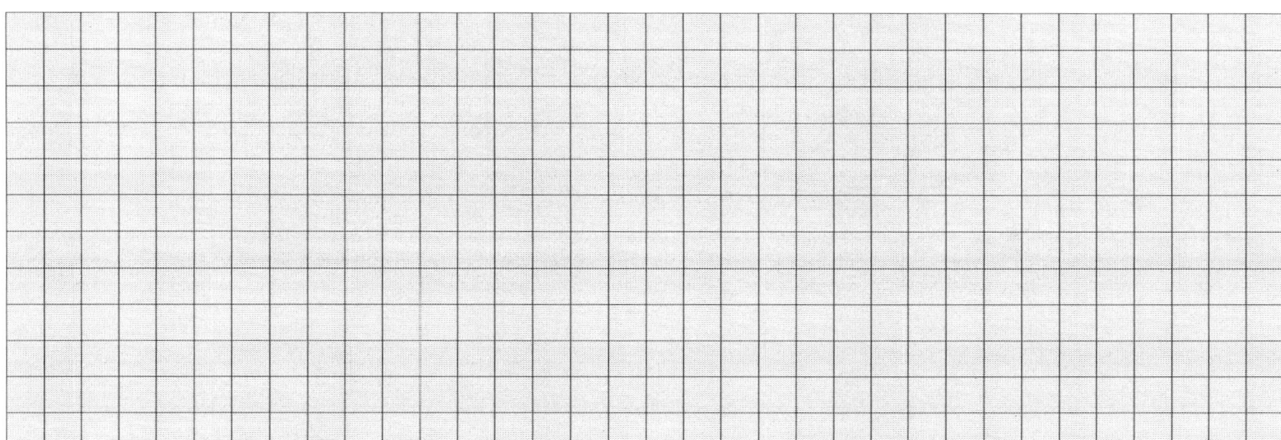

a) Wie lange benötigt Christian, bis er auf der rechten Seite ganz nach oben geklettert ist? Schätze zuerst, dann rechne. Wie lange benötigt er links?

b) Wie viele Haltegriffe sind in etwa in die Wand geschraubt?
Schätze, dann berechne.

c) Eine Klasse mit 17 Schülern macht eine Übung: Sie wollen schnell nacheinander auf der rechten Seite die Kletterwand bezwingen. Der nächste Schüler klettert los, sobald der Vordermann ganz oben ist. Wie lange braucht die ganze Klasse, bis sie gemeinsam ihr Ziel, das Flachdach des Gebäudes, erreicht hat?

d) Die Klasse will schneller werden. Nun klettert der zweite Schüler los, sobald der erste auf halber Höhe ist, der dritte, sobald der 2. auf halber Höhe ist, usw. Um wie viel ist die Klasse nun schneller?

Wie hoch könnte Christian an der rechten Seite klettern, wenn die Kletterwand unendlich hoch wäre und er 1 Stunde klettert? Wie weit käme er an einem Tag?

Eva-Maria Bablick/Michael Tschakert: Mathe kreativ · 5./6. Klasse · Best.-Nr. 372

Name: ______________________ Klasse: ______

2 • Der Geldteppich

Ergänze die Mindmap!

Münzen

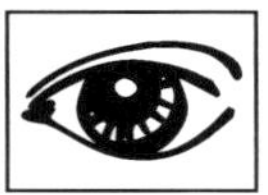

Formuliere eine einfache Rechenaufgabe und berechne!

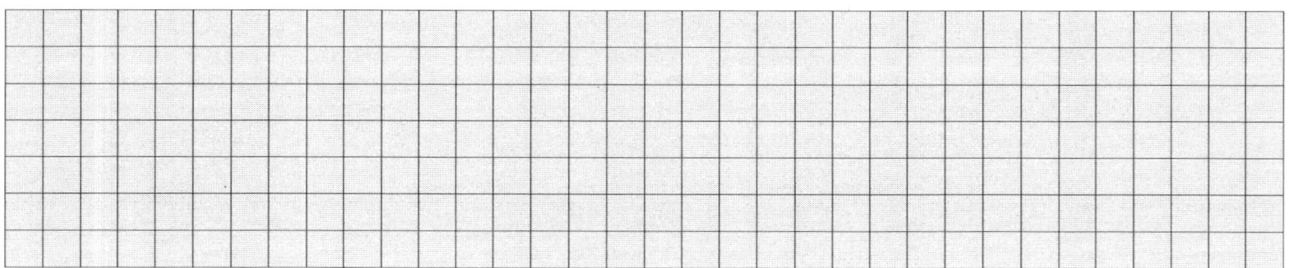

Zeichne die Hälfte, ein Drittel und ein Sechstel der Münzen.

Welche anderen Möglichkeiten der Anordnung (Legemuster) findest du? Zeichne oder sammelt in der Klasse 50-Cent-Münzen. Finde auch ein Legemuster, das sehr viel Platz einnimmt und eines, das sehr wenig Platz einnimmt.

Name: ____________________ Klasse: ______

a) Überlege dir eine weitere Aufgabe. Betrachte dabei die Münzen genauer. Was fällt dir auf?
b) Überlege dir eine Aufgabe, bei der die Maße der Münzen eine Rolle spielen.

DATEN:

Daten der 50-Cent-Münze:

Durchmesser: 24,25 mm
Dicke: 2,38 mm
Gewicht: 7,8 g
Material: Nordisches Gold: eine Legierung aus 89 % Kupfer, 5 % Aluminium, 5 % Zink und 1 % Zinn.

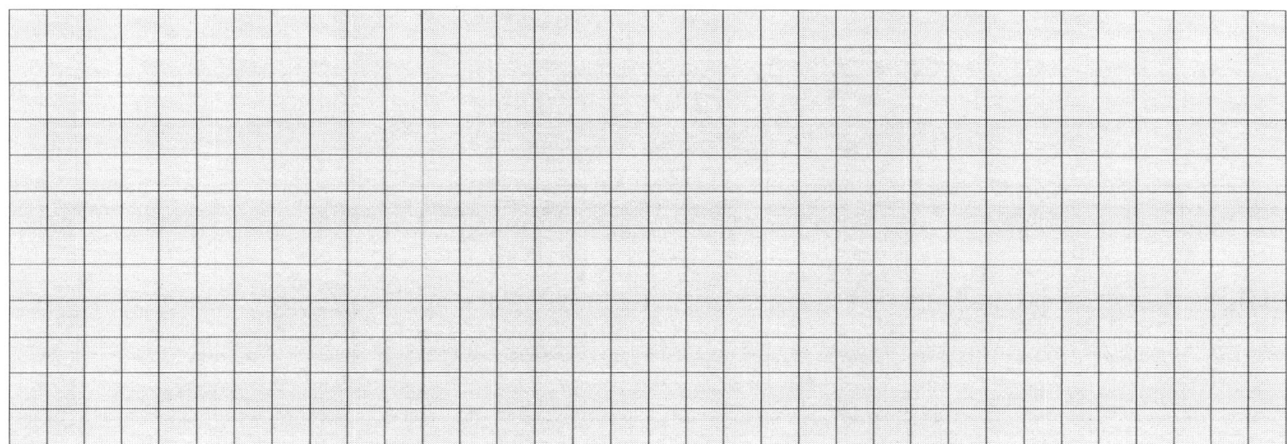

a) Stelle den Gesamtbetrag der Münzen auf dem Teppich mit möglichst wenigen Geldstücken dar.
b) Wie viele 20-Cent-Münzen müssten auf dem Teppich liegen, damit dieser den gleichen Wert hat?
c) Mike stapelt gerne Münzen zu einem Turm. Wie hoch wäre der Geldturm mit den 50-Cent-Münzen?

Mike möchte sich mit seiner 50-Cent-Münzensammlung ein Mountainbike für 680 € kaufen.
Wie hoch wäre der Geldturm, mit dem er zahlen könnte? Schätze vorher, dann rechne!

3 • Tutti Frutti

Ergänze die Mindmap!

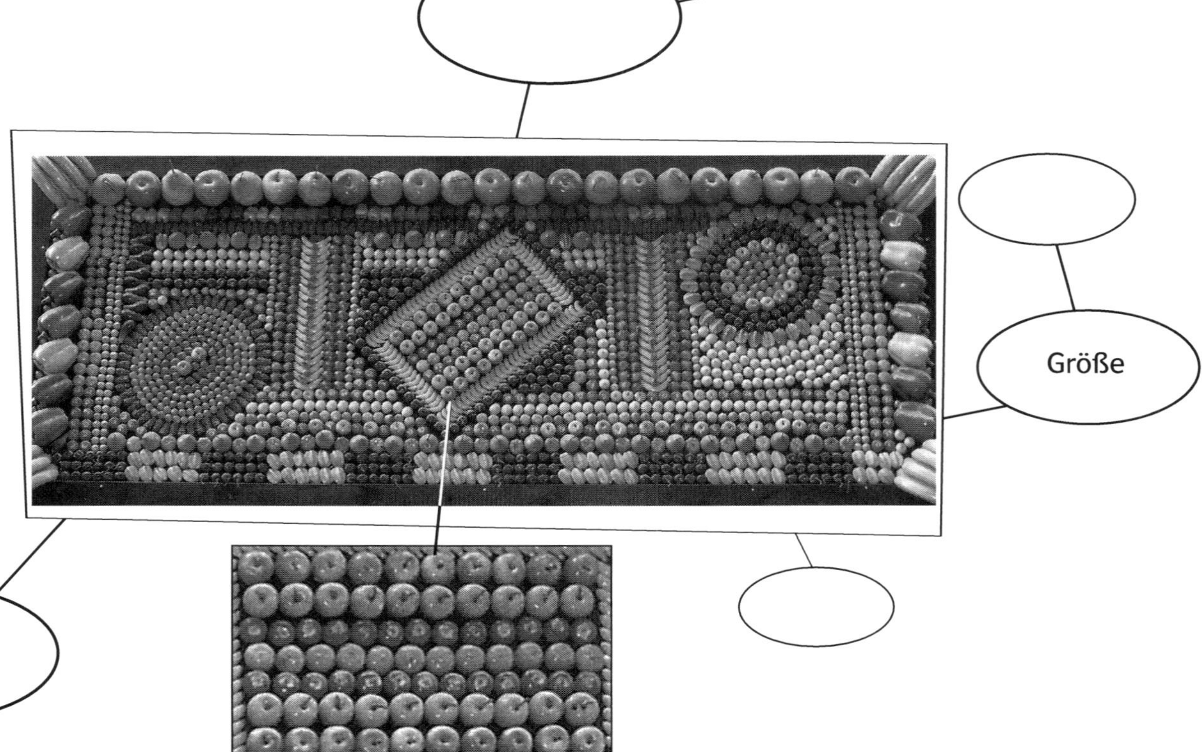

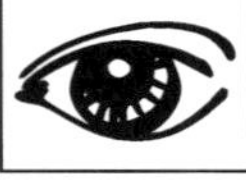

Welche Früchte oder welche Gemüsesorten erkennst du auf dem Bild?
Formuliere eine einfache Aufgabe und berechne!

a) Wie viele Früchte erkennst du auf dem Bild?

b) Gib als Bruchteil an, wie viel des Ausschnitts aus grünen Früchten besteht (siehe Farbfolie)!

Zeichne drei der dargestellten Frucht- oder Gemüsesorten in originaler Größe!

Das Bild hängt als Werbeplakat über der Tür eines Geschäfts, in dem man Früchte und Gemüse kaufen kann.
Im unten abgebildeten Datenkasten findest du Informationen, die dir helfen, Aufgaben zu entwerfen.

DATEN:

Preis pro Kilo Auberginen:	4,99 €	Preis pro Packung Karotten (2 kg):	0,99 €
Preis pro Dreierpack Paprikaschoten:	1,29 €	Preis pro Schale Pflaumen (500 g):	1,19 €
Preis pro Schale Erdbeeren (500 g):	3,50 €	Preis pro Packung Äpfel (2 kg):	1,89 €
Preis pro Schale Himbeeren (250 g):	1,69 €	Preis pro Stück Carambola (Sternfrucht)	0,99 €
Preis pro Kilo Bananen:	0,80 €	Preis pro Kilo Orangen:	1,50 €
Maße Werbetafel:	0,8 m x 2,5 m		

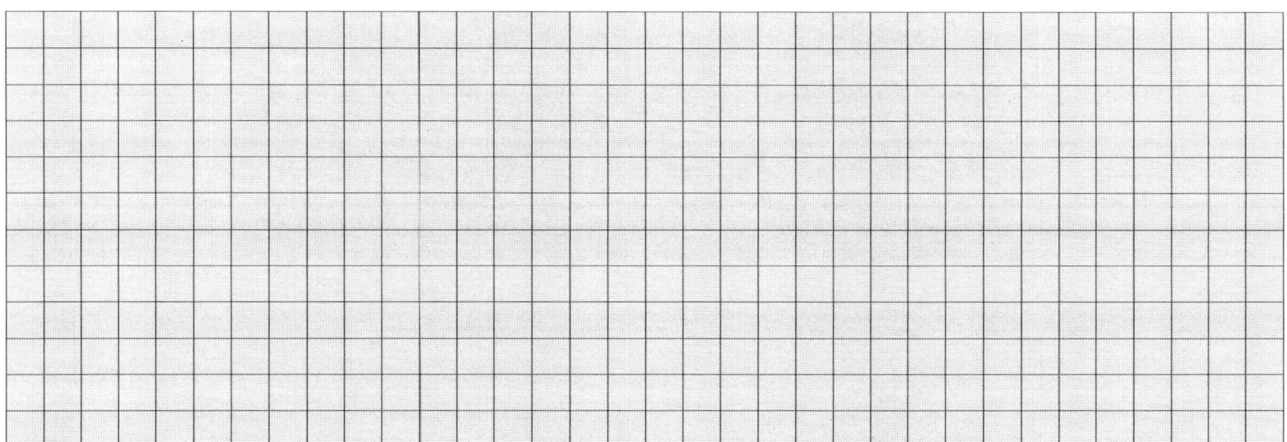

a) Für einen Obstsalat brauchst du 1,5 kg Bananen, 500 g Erdbeeren, ein halbes Kilo Orangen und 2 kg Äpfel. Auch drei Carambolas (Sternfrüchte) wirfst du noch in den Einkaufskorb. Reicht dir an der Kasse der 10-Euro-Schein?

b) Anita kauft 1 Kilo Auberginen, 1 Packung Paprikaschoten und 2 Kilo Karotten. Für einen Kuchen kauft sie noch Pflaumen. Wie viele Pflaumen hat sie gekauft, wenn sie an der Kasse 10,84 € bezahlt?
Wie viel Geld bekommt sie zurück, wenn sie an der Kasse mit einem 20-Euro-Schein bezahlt?
Die Kassiererin gibt ihr den Betrag mit möglichst wenigen Scheinen und Münzen heraus. Welche Geldscheine und Münzen bekommt sie zurück?

Suche im Bild ...

a) eine Aubergine, die ganz alleine ist.
b) zwei kleine Äpfel inmitten eines Rondells.
c) eine Birne neben Bananen und neben einem Apfel, darunter grüne und orange Früchte.
d) eine rote Paprikaschote, darüber Bananen und darunter eine gelbe Paprikaschote.

Name: ______________________ Klasse: ________

4 • Von der Stange

Ergänze die Mindmap!

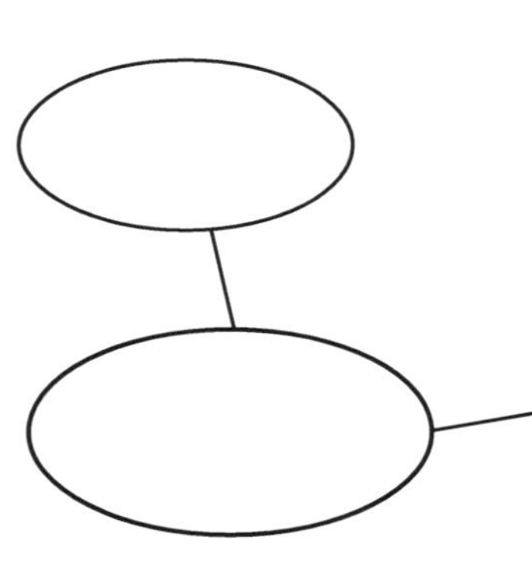

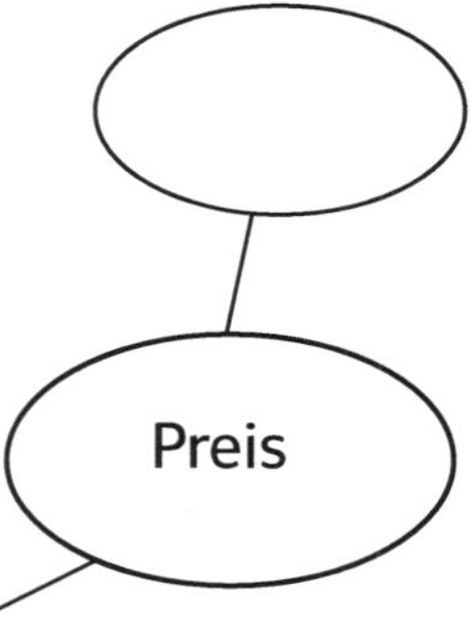

Formuliere eine einfache Rechenaufgabe und berechne!

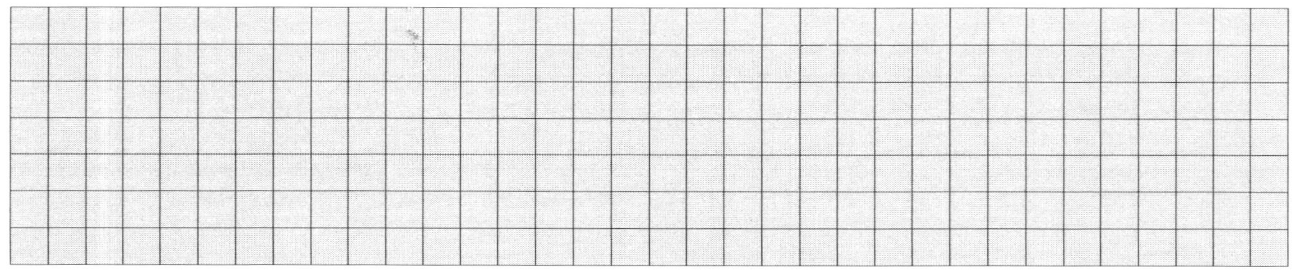

a) Schätze, wie viele rote T-Shirts oben an der Stange für 6,- € hängen.
b) Welcher Bruchteil der T-Shirts auf der Stange ist gelb?

Skizziere ein T-Shirt von dir, ungefähr 6-mal verkleinert. Miss dazu mit deinem Geodreieck!

Eva-Maria Bablick/Michael Tschakert: Mathe kreativ · 5./6. Klasse · Best.-Nr. 372

Name: ______________________ Klasse: ______

Im unten abgebildeten Datenkasten findest du Angaben, die dir helfen, weitere Aufgaben zu entwerfen.

DATEN:

Preis: Rote T-Shirts im Hintergund:	3,50 €
Preis: Hellblaue T-Shirts im Hintergund:	3,50 €
Preis: T-Shirts mit dem Aufdruck „Love" im Hintergund:	5,50 €

a) Du kaufst 2 rote T-Shirts für 6 €, ein hellblaues T-Shirt für 3,50 € und zwei blaue T-Shirts mit dem Aufdruck „Italia". Wie viel Geld bekommst du zurück, wenn du an der Kasse mit einem 50-Euro-Schein bezahlst?

b) Selina kauft 3 rote T-Shirts für 3,50 €, ein gelbes T-Shirt mit dem Aufdruck „Brasil" und T-Shirts mit dem Aufdruck „Love". Insgesamt bezahlt sie 27,50 €. Wie viele T-Shirts mit dem Aufdruck „Love" hat sie gekauft. Stelle zum Lösen eine Gleichung auf.

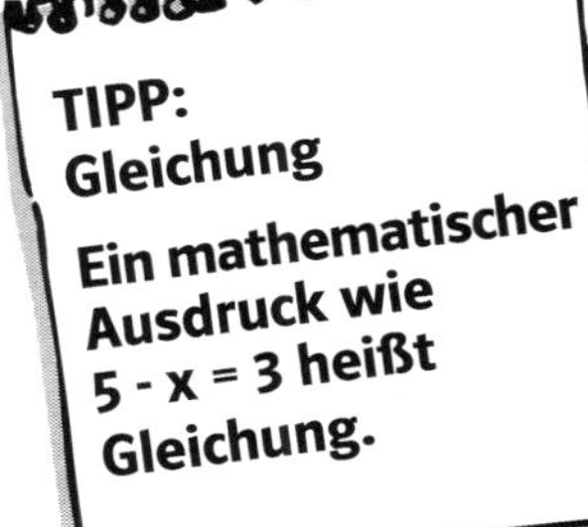

Was soll ich nur anziehen?

Andrea hat sich ein rotes, ein blaues und ein weißes T-Shirt gekauft. Zu Hause hat sie zwei Trainingshosen, eine schwarze und eine grüne. Außerdem hat sie zwei Paar Sportschuhe, ein Paar ist schwarz und ein Paar ist blau. Was soll sie nun zum Fußballtraining anziehen? Finde verschiedene Möglichkeiten, wie Andrea die Kleidungsstücke miteinander kombinieren könnte? Zeichne die verschiedenen Möglichkeiten. Welche Kombination gefällt dir am besten?

Name: ______________________ Klasse: ________

5 • Soleier

Ergänze die Mindmap!

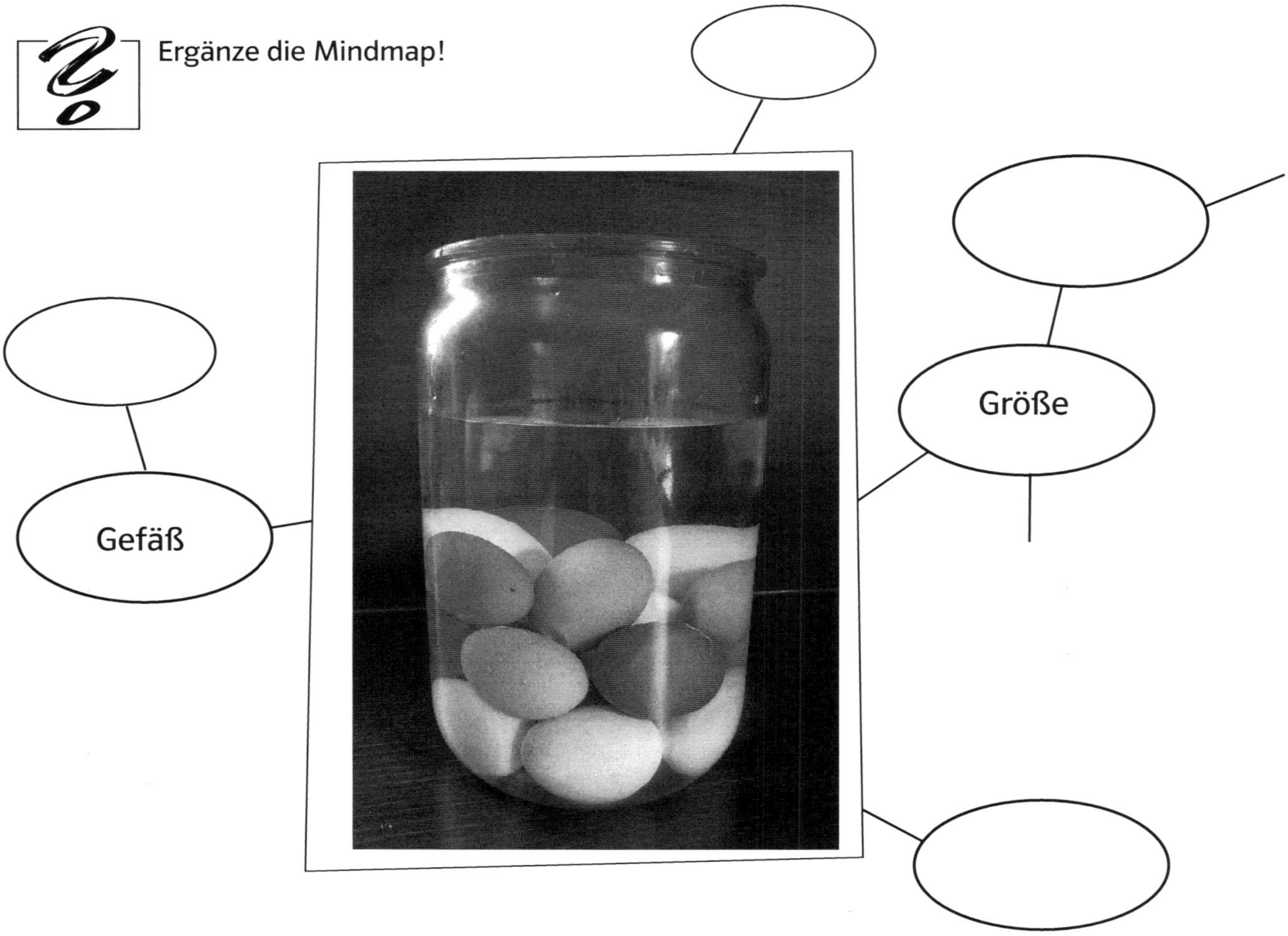

Gefäß

Größe

Formuliere eine einfache Rechenaufgabe und berechne!

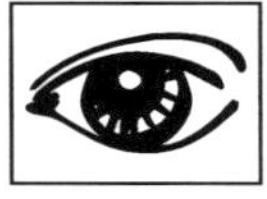

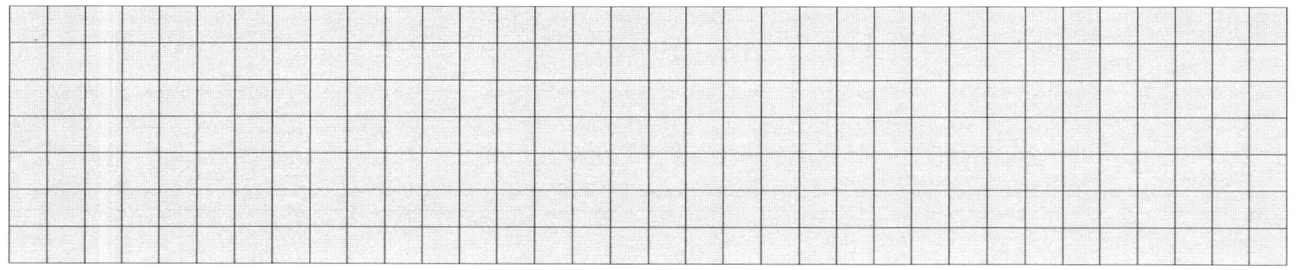

a) Schätze die Maße des Gefäßes.
b) Wie viele Soleier befinden sich wohl im Gefäß?

Zeichne das Gefäß in der Draufsicht (von oben) und in der Vorderansicht mit den Soleiern.
Zeichne ein Hühnerei in Originalgröße von vorne.

Name: ______________________ Klasse: ______

Im unten abgebildeten Datenkasten findest du Angaben, die dir helfen, weitere Aufgaben zu entwerfen.

DATEN:

Volumen Gänseei:	150 cm^3
Volumen Hühnerei:	60 cm^3
Anzahl der Eier im Gefäß:	18 Stück
Höhe des Gefäßes:	26 cm
Durchmesser des Gefäßes:	16 cm
Volumen des Gefäßes:	5200 cm^3

Ein Huhn in Deutschland legt durchschnittlich 0,8 Eier pro Tag.
Eine Schachtel mit 6 Eiern aus ökologischem Anbau kostet 2,29 €.

Rezept: Soleier für 5 Portionen

5 Eier (hart gekocht)
100 ml Essig
200 ml Wasser
1 Esslöffel Salz
1 Lorbeerblatt
1 Messerspitze Majoran
$^1/_4$ Teelöffel Pfeffer
1 $^1/_2$ Zehen Knoblauch

Zubereitung:
Salz, Essig und Wasser verrühren. Pfeffer, Lorbeerblätter und Majoran zugeben. Kalte geschälte Eier und geschälten Knoblauch ebenfalls zugeben, 3 Tage in einem geschlossenen Glas stehen lassen.

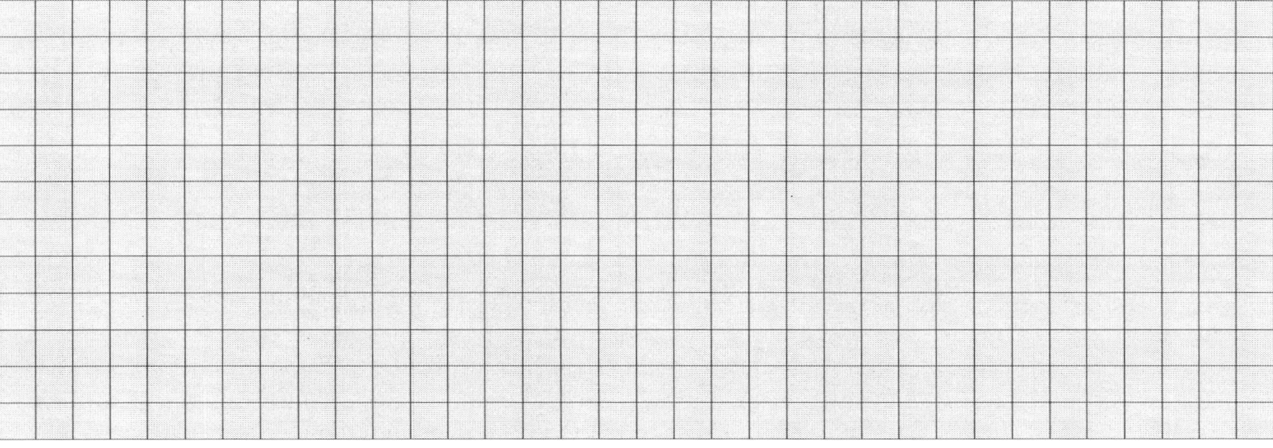

a) Du möchtest 20 Soleier zubereiten. Wie viel von den jeweiligen Zutaten brauchst du dann?
b) Auf dem Bild ist das Gefäß zu $^3/_4$ gefüllt.
Wie viel cm^3 Wasser sind noch im Gefäß, wenn du alle Eier heraus nimmst?

Christiana und ihre Hühner

a) Christiana hat 12 Hühner und einen Hahn. Ihren Hühnern geht es sehr gut, da sie viel Platz haben und sich zwischen Enten, Gänsen, Hasen und sogar einem Schwein frei bewegen können; deshalb legen ihre Hühner jeden Tag ein Ei.
Wie viele Eierschachteln (10 Eier pro Schachtel) kann sie nach 5 Tagen füllen?
b) Drei ihrer Hühner legen weiße Eier und der Rest legt braune Eier.
Welcher Bruchteil ihrer Eier, die sie am Tag erhält, ist braun? Zeichne eine Skizze und färbe die Eier auf deiner Skizze.

6 • Zahlenlotterie

Ergänze die Mindmap!

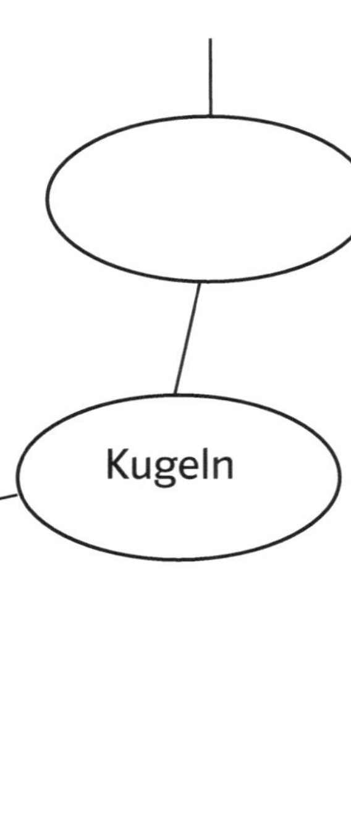

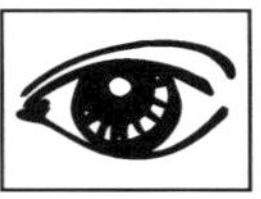

Formuliere eine einfache Rechenaufgabe und berechne!

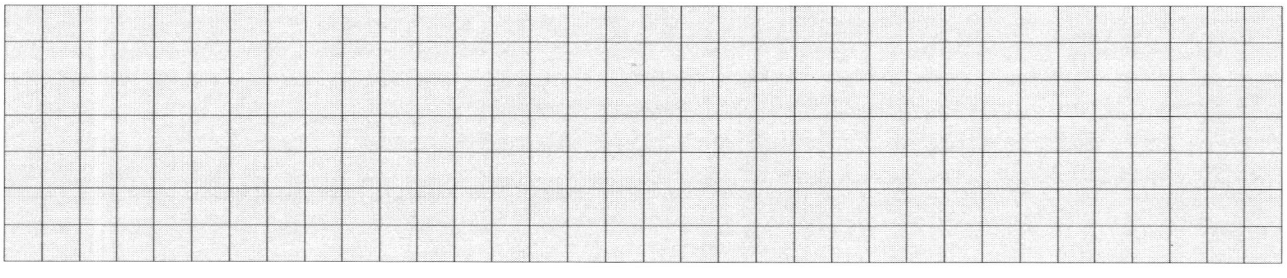

Schätze, wie viele Kugeln sich in der Lostrommel befinden.

a) Zeichne Kreise. Du könntest zum Beispiel runde Gegenstände umfahren oder deinen Zirkel benutzen.
b) Überlege dir verschiedene Möglichkeiten, wie du zeichnerisch (Schraffuren, Linien, Schatten…) aus der Fläche (Kreis) einen Körper (Kugel) machen kannst.

Name: ______________________ Klasse: ______

Im unten abgebildeten Datenkasten findest du Angaben, die dir helfen, weitere Aufgaben zu entwerfen.

DATEN:

Durchmesser Kugel:	5 cm
Volumen Kugel:	ca. 65 cm^3
Durchmesser Lostrommel:	100 cm
Volumen Lostrommel:	ca. 520.000 cm^3

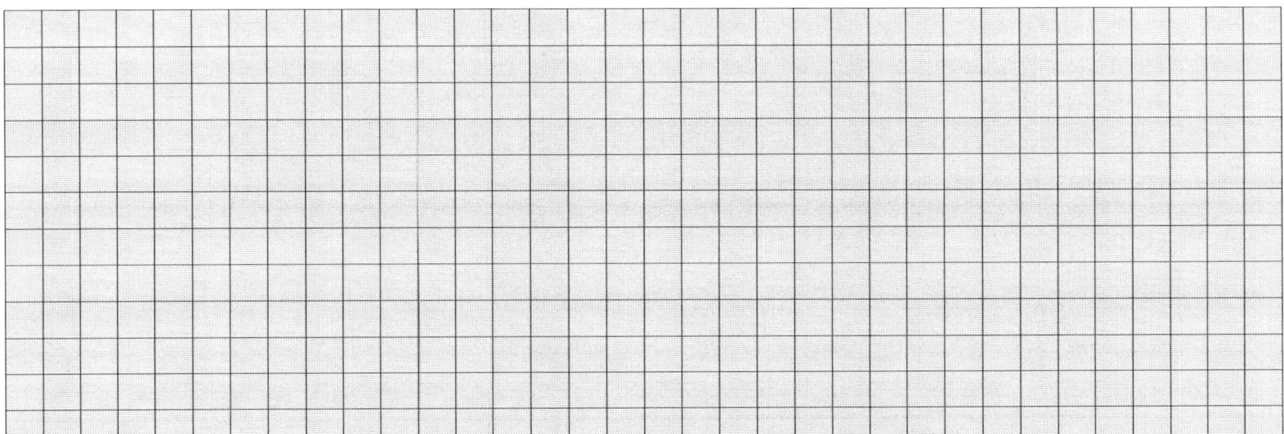

a Welche Zahlen auf den Kugeln erkennst du?
b) Addiere alle Zahlen, die du erkennst, miteinander.
c) Suche dir 3 Zahlen aus und finde jeweils alle Teiler dieser Zahl.
d) Entwickle einen Term und eine Gleichung aus den Zahlen in der Lostrommel.

TIPP:

Term: Ein mathematischer Ausdruck wie 15 - 8 heißt Term.

Gleichung: Ein mathematischer Ausdruck wie 5 - x = 3 heißt Gleichung.

Der Lottomillionär:

Ein Lottomillionär will als Erinnerung an seinen Gewinn eine Kugel aus Gold bauen lassen, die genauso groß ist wie die Lostrommel.

a) Wie viel wiegt die Kugel aus Gold?

b) Wie viel kostet es dem Millionär?

Name: ______________________ Klasse: ________

7 • Hingepinnt und festgespickt

Ergänze die Mindmap!

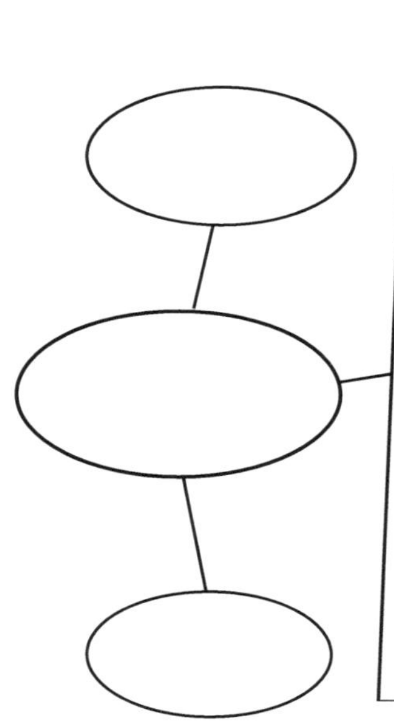

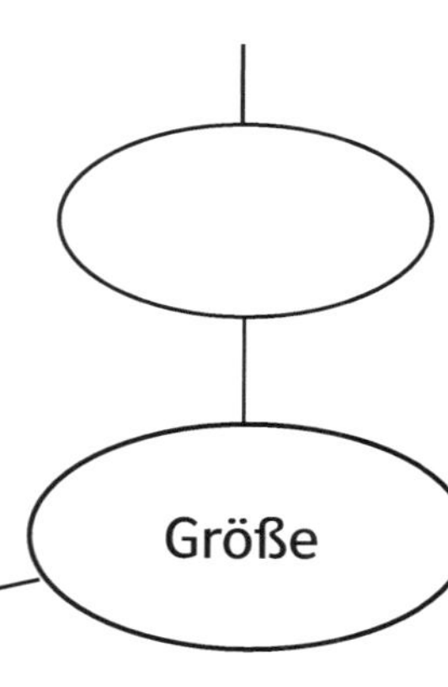

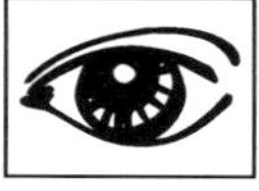

Formuliere eine einfache Rechenaufgabe und berechne!

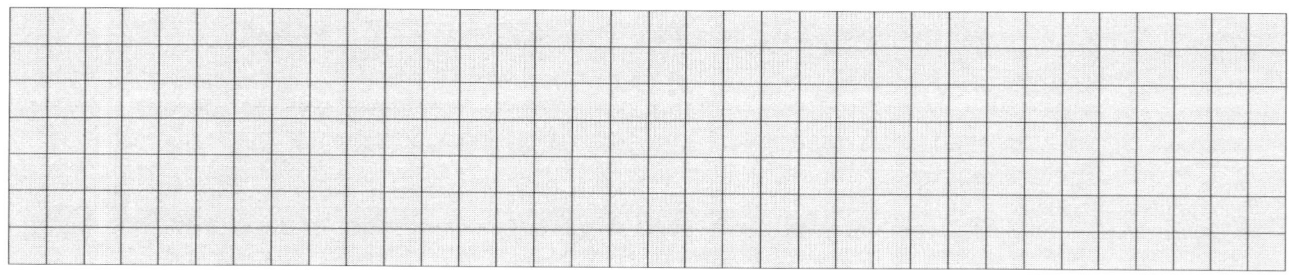

a) Schätze die Maße der Anschlagtafel.
b) Nimm ein DIN-A4-Blatt zur Hand. Schätze die Länge und Breite des Blattes.

Nimm 4 DIN-A4-Blätter und lege sie zu einem DIN-A2-Blatt zusammen. Halbiere nun ein fünftes DIN-A4-Blatt, so erhältst du ein DIN-A5-Blatt. Ermittle durch Hineinlegen wie oft ein DIN-A5-Blatt in dein gelegtes DIN-A2-Blatt hineinpasst.

Name: ______________________ Klasse: ______

Im unten abgebildeten Datenkasten findest du Angaben, die dir helfen, weitere Aufgaben zu entwerfen.

DATEN:

DIN A4	Länge:	210 mm	DIN A5	Länge:	148 mm
	Breite:	297 mm		Breite:	210 mm
	Dicke:	0,1 mm		Dicke:	0,1 mm
DIN A3	Länge:	420 mm	Maße Anschlagtafel:		
	Breite:	297 mm	150 cm x 100 cm		
	Dicke:	0,1 mm			

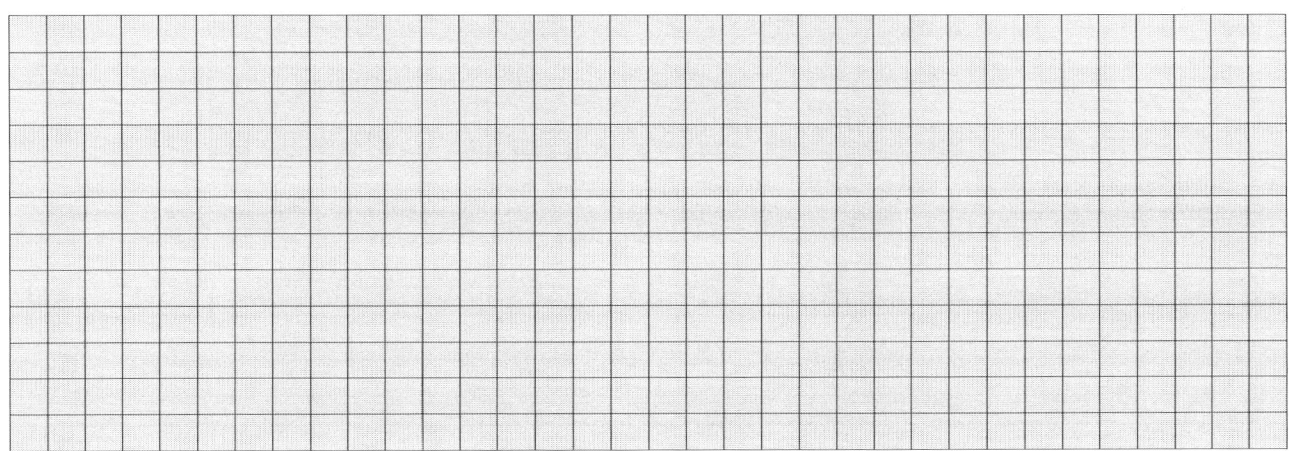

a) Zeichne die Anschlagtafel auf kariertes Papier im Maßstab 1 : 10, also 10-fach verkleinert.
b) Wie viele DIN-A4-Blätter passen ca. auf die Anschlagtafel? Ermittle durch Zeichnen. Bedenke, dass du auch das DIN-A4-Blatt verkleinern musst.

TIPP:
Verwende auch hier eine Skizze im Maßstab 1 : 10.

a) Um die Anschlagtafel wird eine Holzleiste befestigt. Wie lang muss die Holzleiste sein?
b) Anita möchte mehrere Plakate auf der Anschlagtafel befestigen, sodass man jedes Plakat noch vollständig sehen kann.
Sie hat 2 DIN-A3-Plakate, 8 DIN-A4-Plakate und 3 DIN-A5-Plakate aufzuhängen. Passen alle Plakate auf die Anschlagtafel?

Das Klassenkunstwerk

Jeder Schüler deiner Klasse hat ein Porträt von sich selbst auf einem DIN-A3-Papier in Hochformat gemalt. Welche Maße muss eine Korkwand mindestens haben, um alle eure Porträts in einer Reihe im Klassenzimmer aufhängen zu können?

Name: ______________________ Klasse: ______

8 • Das Gemälde

Ergänze die Mindmap!

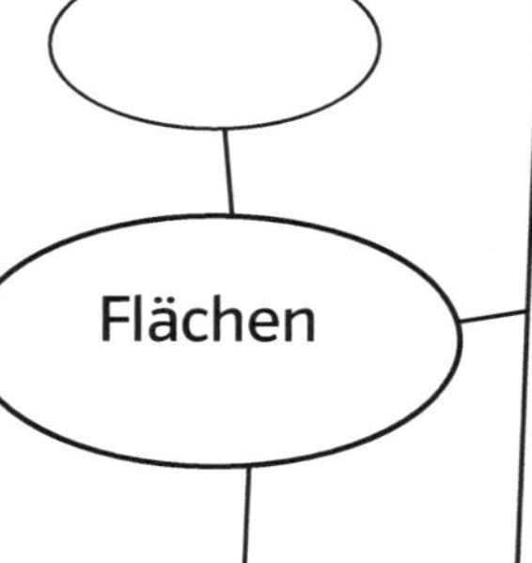

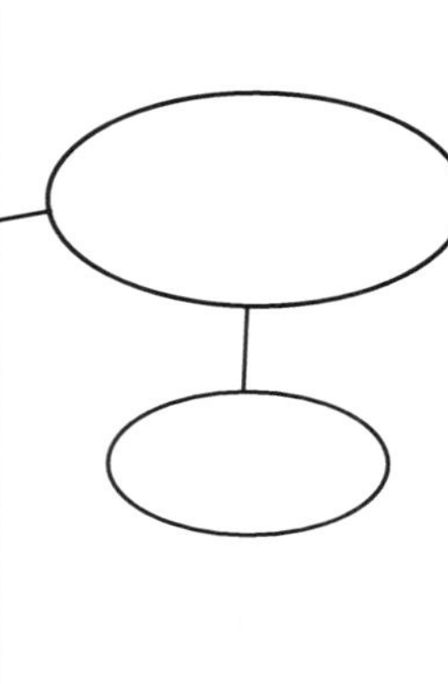

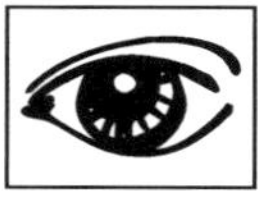

Formuliere eine einfache Rechenaufgabe und berechne!
Überlege dir Maßangaben!

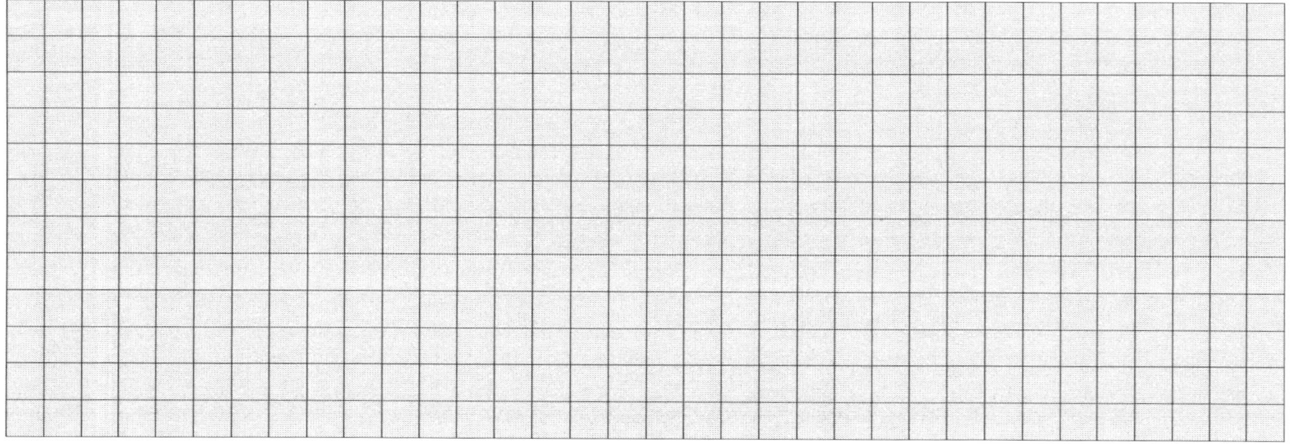

Zeichne ein ähnliches Bild mit möglichst vielen geometrischen Formen und benenne diese mit Fachausdrücken.

Legt ein riesiges Bodenbild auf euren Klassenzimmerfußboden. Verwendet alle geometrischen Formen, die ihr findet (Hefte, Bücher, Tafellineale ...).

Name: ____________________ Klasse: ______

Im unten abgebildeten Datenkasten findest du die Maßangaben zu dem Bild. Erfinde eine weitere Aufgabe.

TIPP: Färbe die Flächen wie auf der Farbfolie!

DATEN: Aquarell auf Papier · Maß: 20 x 29 cm

–MAẞE IN CM–

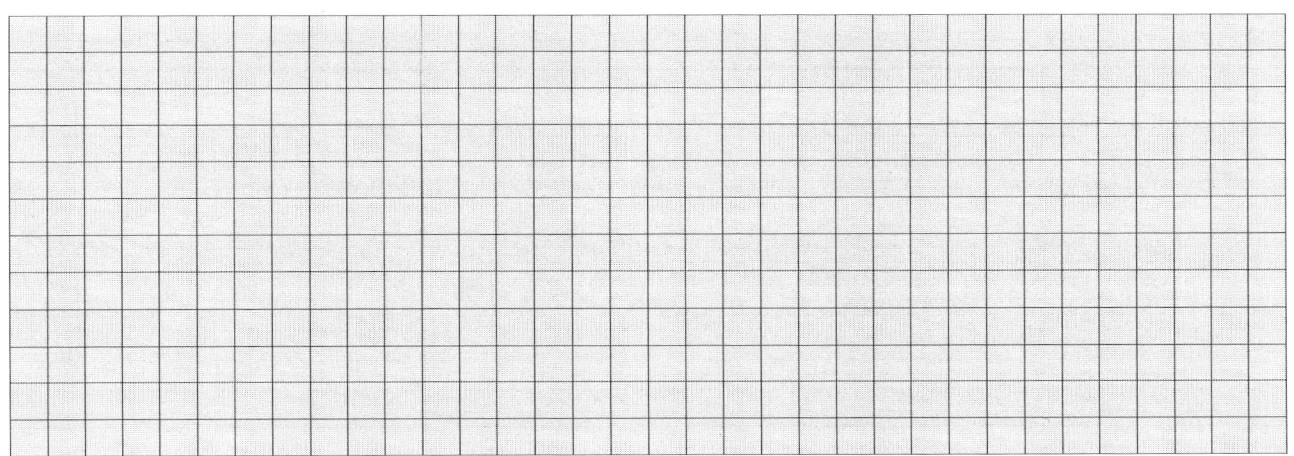

a) Schätze zuerst und berechne dann die Gesamtfläche aller Formen.
b) Berechne die Gesamtlänge der Linien (Strecken).

Ein Gartenfreund will seinen Garten nach dem Gemälde anlegen. Die grünen Flächen im Gemälde sollen Rasen werden. Wie viel Gramm Grassamen benötigt der Gartenfreund, wenn der Garten in Wirklichkeit 100-mal größer angelegt wird und für einen m^2 Rasen 40 g Samen benötigt werden?

9 • Im Tor

Ergänze die Mindmap!

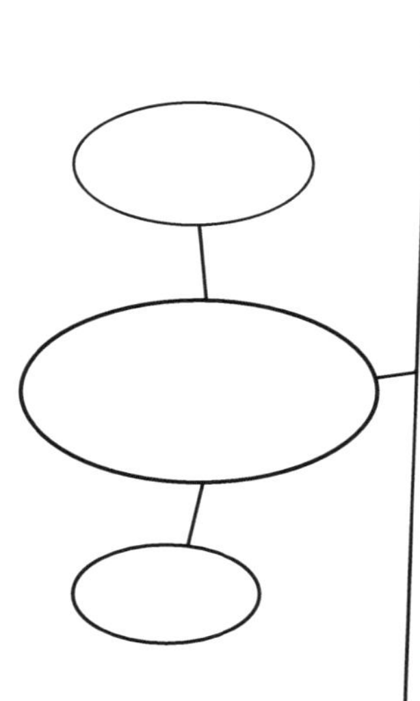

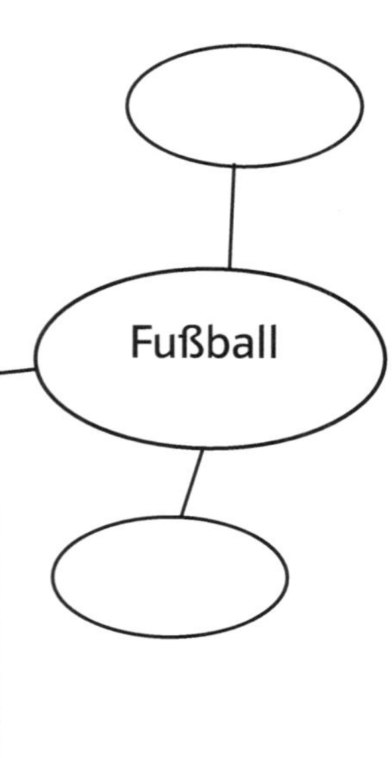

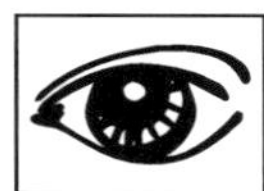

Formuliere eine einfache Rechenaufgabe und berechne!

Schätze die Größe (Maße) des Tors und der Schüler.

Zeichne ein Fußballfeld von oben aus dem Gedächtnis. Denke an den Mittelkreis, den Anstoßpunkt, den Strafraum, den Elfmeterpunkt und die Tor- und Seitenauslinien.

Name: ____________________ Klasse: ________

Überlege dir eine weitere Aufgabe:

DATEN:

Maße eines Fußballtors:	7, 32 m x 2,44 m
Umfang eines Fußballs:	70 cm
Körpergröße des Torwarts auf dem Foto:	1,70 m
Körperbreite des Torwarts:	50 cm
Maße eines Fußballfeldes:	105 m x 68 m
Höchstgeschwindigkeit eines Fußballs:	183 km/h ~ 51 m/s

a) Berechne die Fläche eines Fußballtors und die Gesamtfläche eines Fußballfeldes.

b) Ein Fußball liegt auf dem Anstoßpunkt eines Fußballfeldes. Ein Spieler tritt leicht gegen den Ball, sodass sich dieser beim Rollen in Richtung Tor 50 Mal ganz um die Achse dreht. Wie weit ist der Ball noch vom Tor entfernt?

c) Der Weltmeister im Hochgeschwindigkeitsschießen schießt den Ball mit voller Wucht vom Elfmeterpunkt zum Tor. Wie lange braucht der Ball, bis er die Torlinie überquert? Schätze, dann rechne.

Die Mannschaft „Dumpftreter" wollen einen Trick anwenden, um bei einem Spiel kein Tor zu kassieren. Sie stellen so viele Spieler wie möglich ohne Lücke nebeneinander ins Tor, damit kein Ball passieren kann. Wie viele Spieler bräuchten sie dafür? Schätze, mache eine Skizze, dann rechne.

10 • Die Prinzessin aus dem Rahmen

Ergänze die Mindmap!

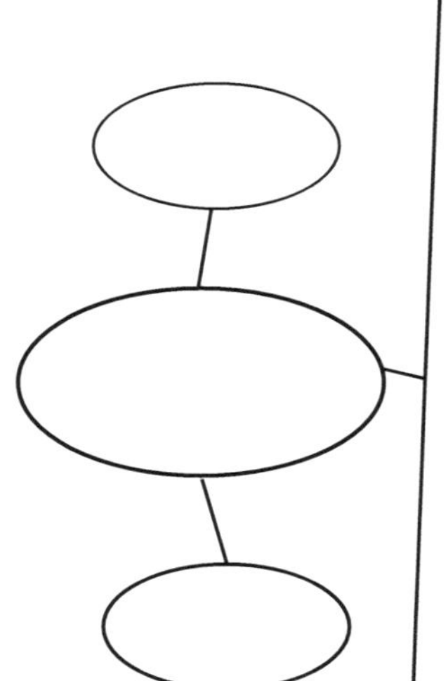

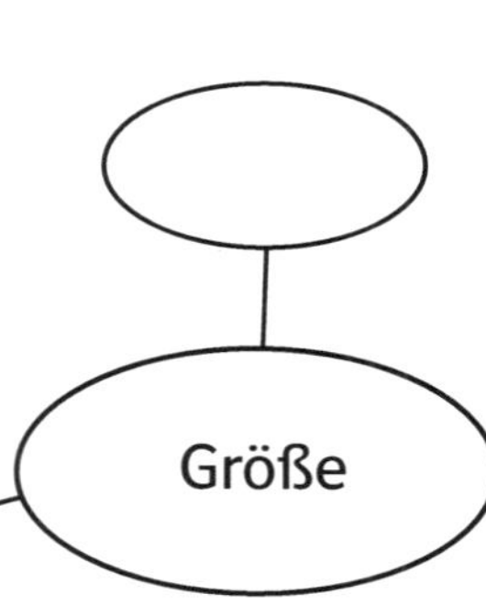

Formuliere eine einfache Rechenaufgabe und berechne!

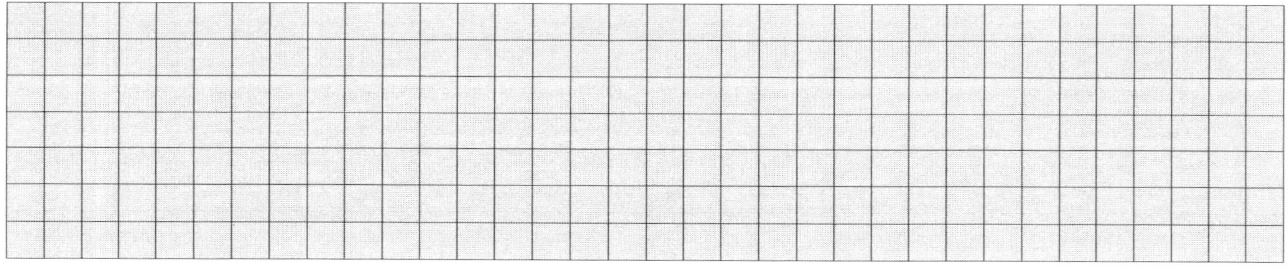

Zeichne alle Einzelteile, die auf dem Boden liegen, nebeneinander auf ein Blatt Papier. Achte auf die Größenverhältnisse.

Schätze die Maße des kaputten Bilderrahmens und des Bildes.

TIPP:
Eine Bodenfliese hat die Maße 35 cm x 35 cm.

Name: ______________________ Klasse: ______

Im unten abgebildeten Datenkasten findest du Informationen, die dir helfen, weitere Aufgaben zu entwerfen!

DATEN:

Maße Untergrundplatte:		100 cm x 70 cm
Maße Glasscheibe:		100 cm x 70 cm
Maße Gemälde:		77 cm x 57 cm
Maße Rahmen:		103 cm x 72 cm
Maße Passepartout:	Außen:	100 cm x 70 cm
(siehe Skizze)	Innen:	70 cm x 50 cm
Preis der Holzleiste pro m:		3,00 €
Preis pro m^2 Glas:		25,00 €

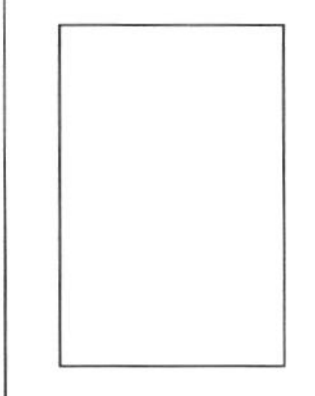

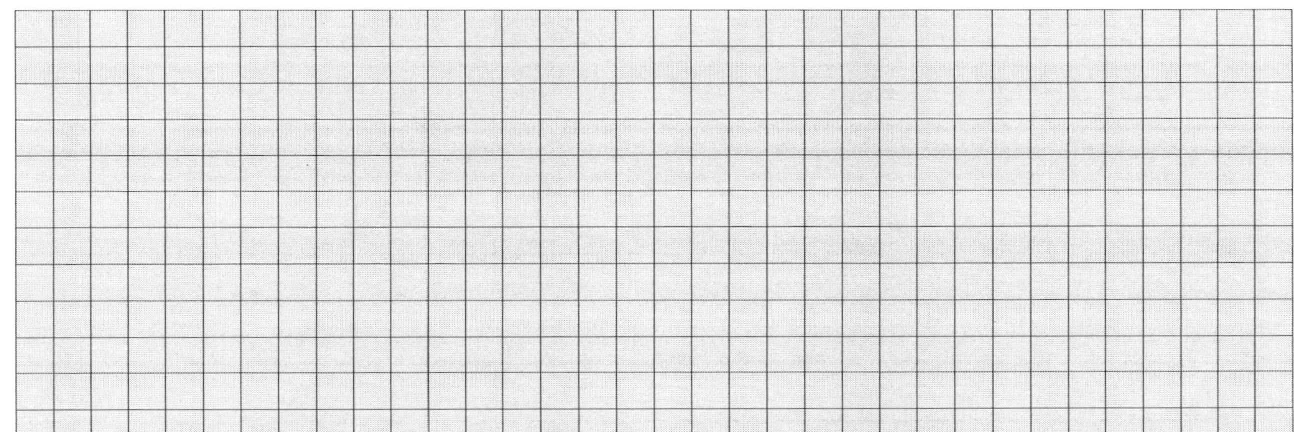

a) Der Rahmen des Bildes ist kaputt. Wie viele Meter Holzleisten musst du kaufen, um das Bild neu rahmen zu können? Wie viel kostet dies?

b) Auch die Glasscheibe hat einen Sprung bekommen. Wie viel m^2 Glas brauchst du und wie viel kostet es?

c) Ein Fußballfeld ist 105 m lang und 68 m breit. Wie oft passt das neu gerahmte Bild hinein? (Beachte: Du musst den Rahmen mit berücksichtigen!)

Dir gefällt das Bild so gut, dass du es als kleine Karte deiner Oma zum Geburtstag schenken willst. Deine Karte soll ähnlich wie beim Bild 7 cm lang und 10 cm breit sein. Auch das Passepartout soll innen die Maße 5 und 7 cm haben. In die Mitte zeichnest du auch eine kleine Prinzessin. Viel Spaß beim Basteln!

Name: ______________________ Klasse: ______

11 • Toilettenpapier de luxe

Ergänze die Mindmap!

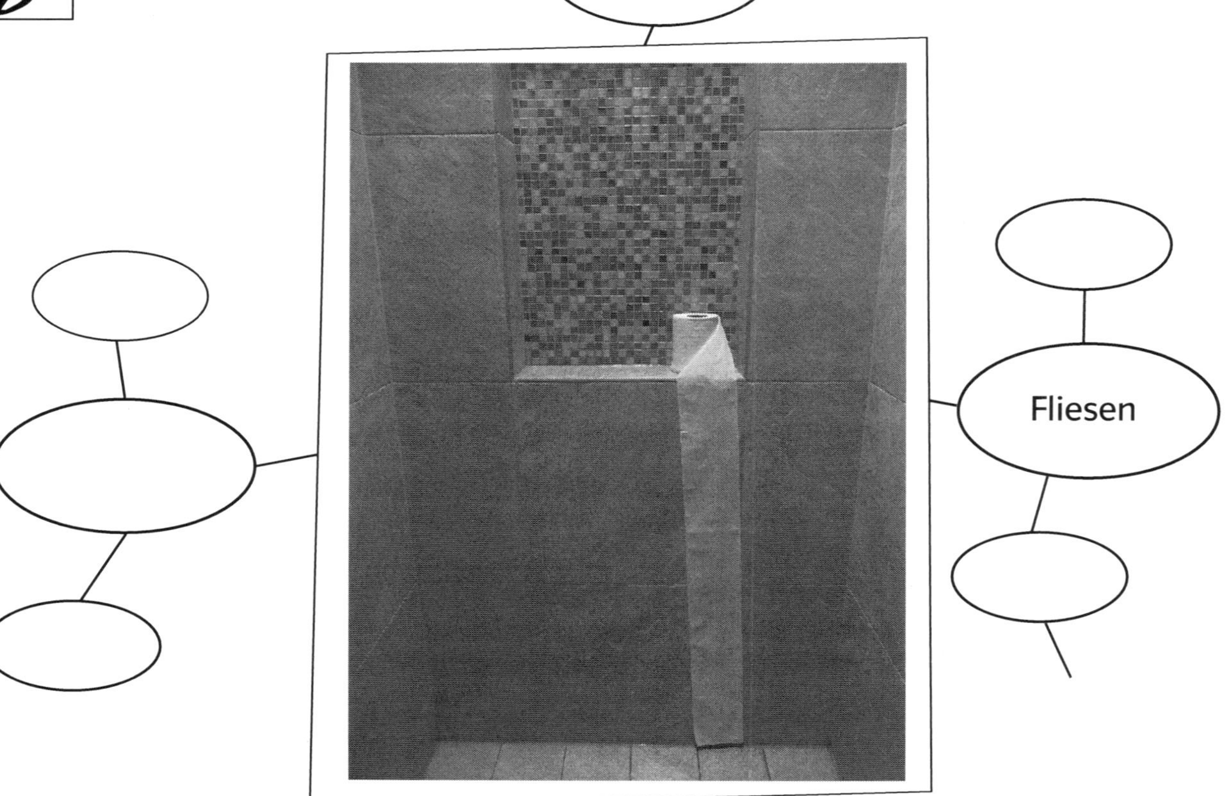

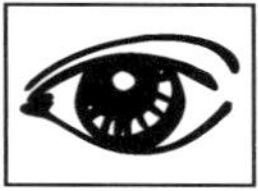

Formuliere eine einfache Rechenaufgabe und berechne!
Eine Toilettenpapierrolle hat die Form eines Zylinders. Suche im Klassenzimmer oder in der Schultasche weitere Gegenstände, die der Form eines Zylinders entsprechen.

Schätze die Maße der Toilettenpapierrolle de luxe! (Hole eine Toilettenpapierrolle aus der Schülertoilette und überprüfe deine Schätzungen!)

a) Zeichne die Toilettenpapierrolle von oben. Verwende dabei einen Zirkel.
b) Skizziere die Badezimmerwand mit der Toilettenpapierrolle.

Name: ______________________ Klasse: ______

Im unten abgebildeten Datenkasten findest du Informationen, die dir helfen weitere Aufgaben zu entwerfen!

DATEN:

Preis pro Packung (10 Rollen): 5,60 €
200 Blatt pro Toilettenpapierrolle
1 Blatt Toilettenpapier: Breite 10 cm, Länge 14 cm
große quadratische Wandfliesen: Seitenlänge 42 cm
kleine quadratische Wandfliesen: Seitenlänge 1,5 cm
quadratische Bodenfliesen: Seitenlänge 14 cm

Toilettenpapier von unten

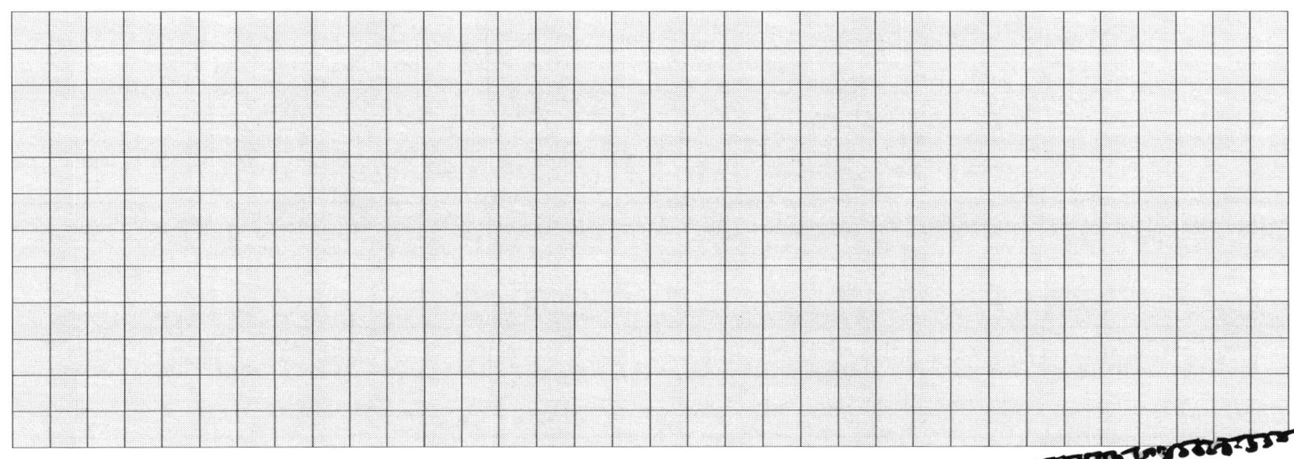

TIPP:
Bei einem Maßstab 1:10 ist das Dargestellte nur noch ein Zehntel seiner echten Größe.

a) Zeichne den Badezimmerausschnitt in Maßstab 1 : 10.
b) Berechne den Flächeninhalt der 6 Bodenfliesen.
c) Schneide 6 Quadrate mit der Seitenlänge 1,4 cm aus Papier aus. Finde eine Anordnung, bei der die Figur den größten und eine Anordnung, bei der die Figur den kleinsten Umfang hat.

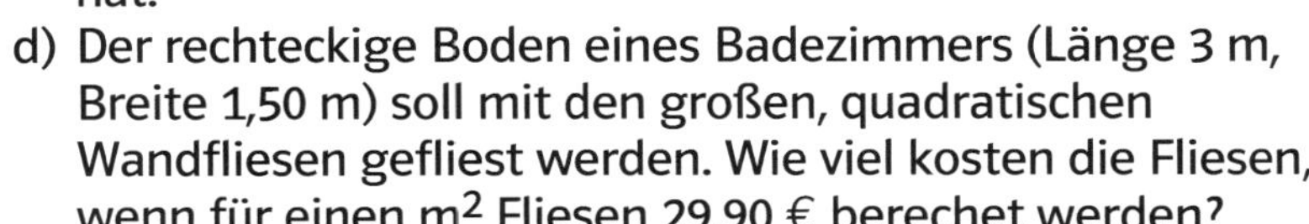

d) Der rechteckige Boden eines Badezimmers (Länge 3 m, Breite 1,50 m) soll mit den großen, quadratischen Wandfliesen gefliest werden. Wie viel kosten die Fliesen, wenn für einen m² Fliesen 29,90 € berechet werden?

TIPP:
Die Entfernung von der Erde bis zum Mond beträgt ca. 400.000 km.

Franziska und der Mann im Mond!

a) Franziska möchte den Mann im Mond besuchen. Wie viele Toilettenpapierrollen muss sie übereinander stapeln, um auf ihnen zum Mond hochklettern zu können?
b) Franziska hat den Mann im Mond besucht, ein bisschen mit ihm gequatscht und möchte nun auf aufgerollten und aneinander geklebten Toilettenpapierrollen in ihr Bett zurückrutschen. Wie viele Rollen Toilettenpapier braucht sie?

Name: ________________________ Klasse: ______

12 · Kieselmosaik

Ergänze die Mindmap!

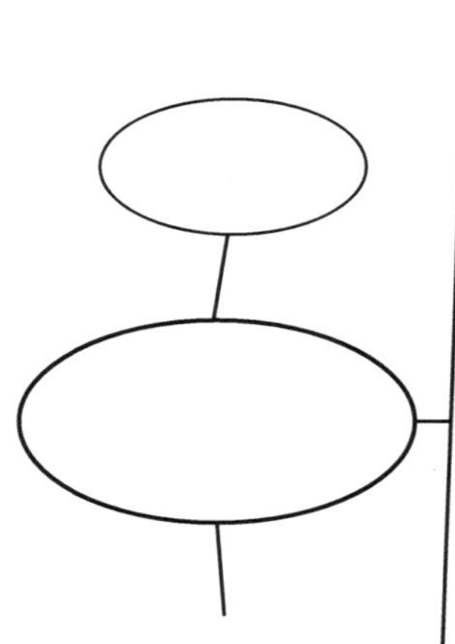

Fuß

Formuliere eine einfache Rechenaufgabe und berechne!

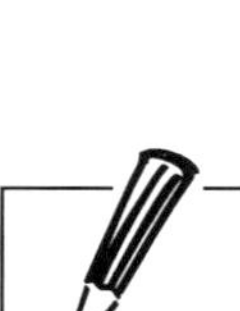

Du willst schnell herausfinden, wie viele Steine das Mosaik in etwa enthält. Verwende einen Trick: Teile wie in der Skizze ein Quadrat in kleinere quadratische Felder und zeichne in nur ein Feld die Steine ein. Achte auf die richtigen Größenverhältnisse. Multipliziere dann die Anzahl der Steine mit der Anzahl der Felder.

Gestalte dein eigenes Kieselmosaik mit Motiv. Schneide aus dunklem und hellem Tonpapier Kieselsteine aus und gestalte ein Mosaik. Klebe dann deine „Papiersteine" fest.

Eva-Maria Bablick/Michael Tschakert: Mathe kreativ · 5./6. Klasse · Best.-Nr. 372

Name: ______________________ Klasse: ________

Überlege dir eine weitere Aufgabe mit den folgenden Daten.

DATEN:

Mosaikgröße: 80 cm x 80 cm
Fußlänge: 24 cm

So wird die Schuhgröße innerhalb der Europäischen Union (EU) errechnet:

Schuhgröße = (Fußlänge in cm + 1,5 cm) • 1,5

a) Welchen Flächeninhalt hat das Mosaik und welchen Flächeninhalt hätte ein 11-mal so großes Mosaik?
b) Welche Größe hat der Schuh auf dem Bild? Rechne mit der Formel im Datenkasten.

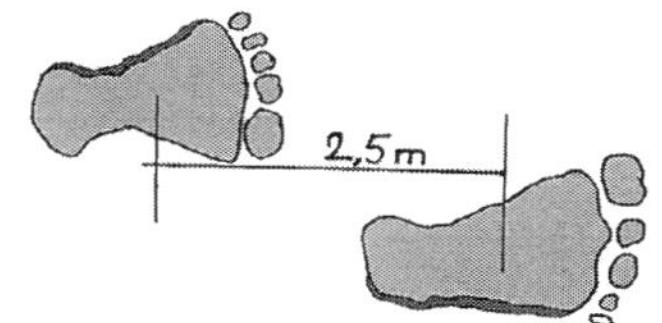

a) Bigfoot hat 50 cm große Füße. Welche Schuhgröße hat er und wie viele Schritte benötigt er, um eine Runde im Sportstadion (400 m) zu laufen, wenn er eine Schrittlänge von 2,5 m hat?
b) Bigfoot hat einen schlechten Tag und muss beim letzten Viertel auf der Stadionrunde gehen. Sein Schritt ist beim Gehen nur 2 m lang. Wie viele Schritte benötigt er an diesem Tag mehr?

13 • Im Schließfach

Ergänze die Mindmap!

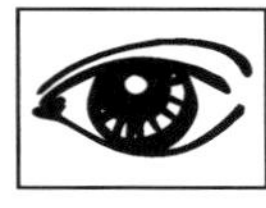

Formuliere eine einfache Rechenaufgabe zu diesem Bild und berechne!

a) Schätze wie viele Schließfächer auf dem Foto abgebildet sind.
b) Schätze die Größe der Schließfächer. Übrigens: Eine Bodenfliese auf dem Foto hat die Maße 50 cm x 50 cm.

Zeichne die Schließfächer.
Verwende dabei die Technik mit dem Fluchtpunkt (siehe Skizze), damit die räumliche Tiefenwirkung des Bildes zum Ausdruck kommt.

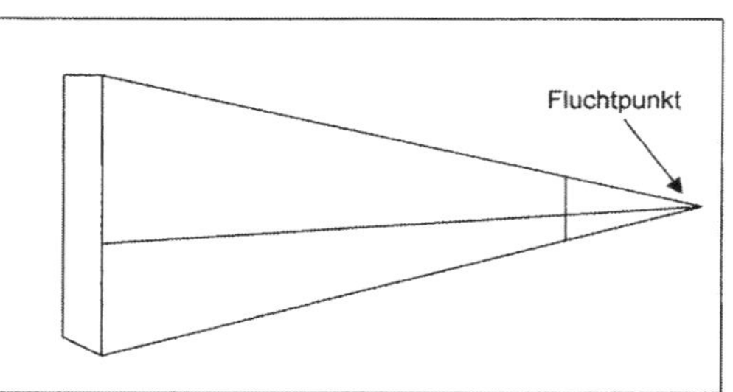

Name: ______________________ Klasse: ______

Überlege dir eine weitere Aufgabe. Verwende die im unten abgebildeten Datenkasten angegebenen Daten.

DATEN:

Bodenfliese:	50 cm x 50 cm
Schließfachmaße:	90 cm x 25 cm x 50 cm (Höhe, Breite, Tiefe)
Anzahl der Schließfächer:	50 • 2

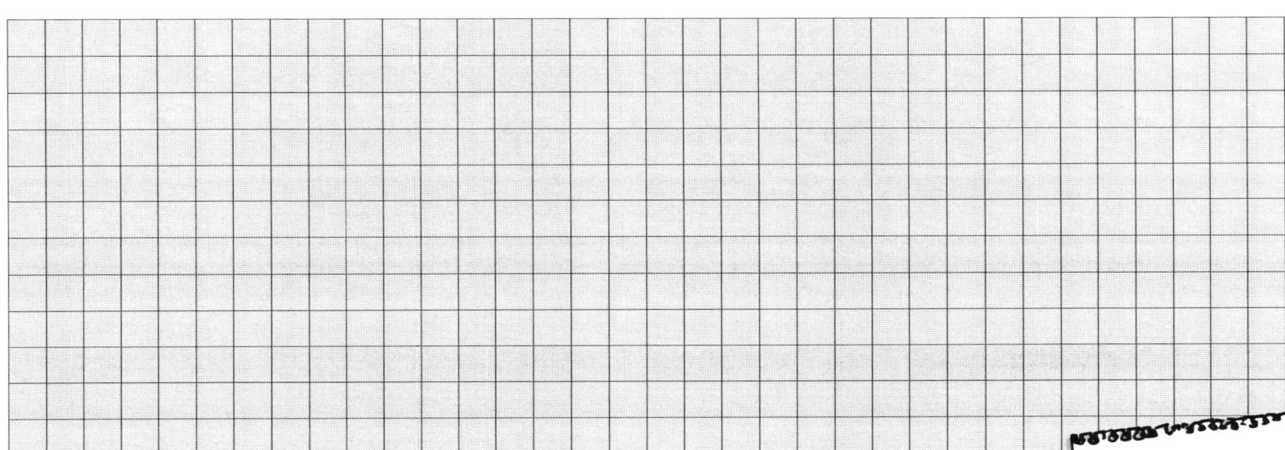

TIPP:
Prozent heißt „von Hundert". 40 % bedeutet: 40 von Hundert.

a) Welches Volumen hat ein Schließfach? Welches Volumen haben alle Schließfächer zusammen?

b) Von den roten Türen blättert bereits der Lack ab. Alle Türen sollen einen neuen roten Anstrich erhalten. Was kostet die Farbe, wenn eine Dose roter Lack für 2,5 m^2 reicht und 4,50 € kostet?

c) Was würde die Farbe kosten, wenn 60 % der Schließfächer rot und die restlichen 40 % mit blauem Lack (1 Dose reicht für 2,5 m^2 und kostet 3,10 €) gestrichen werden?

Halloween-Rätsel:

3 Katzen fressen 3 Ratten in 3 Minuten. Wie lange brauchen 6 Katzen für 6 Ratten?

Eva und Max erlauben sich einen Spaß zu Halloween. In 1/5 der Schließfächer in der Schule verstecken sie je eine Packung Süßigkeiten, in 2/5 je eine Ratte aus Plastik, die restlichen Schließfächer verschließen sie mit Schlössern.
Wie viele Päckchen Süßigkeiten, Ratten und Schlösser benötigen die Schüler?

Name: ______________________ Klasse: ______

14 • Sportlersandwich

Ergänze die Mindmap!

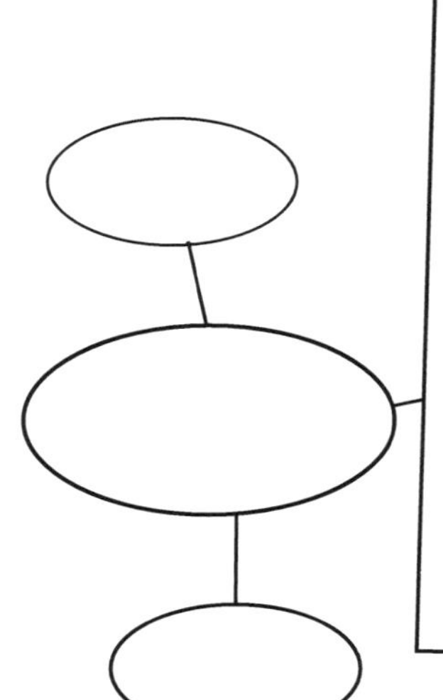

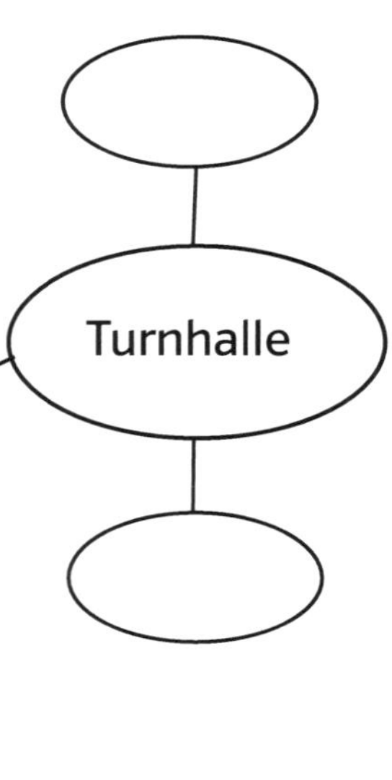

Formuliere eine einfache Rechenaufgabe und berechne!

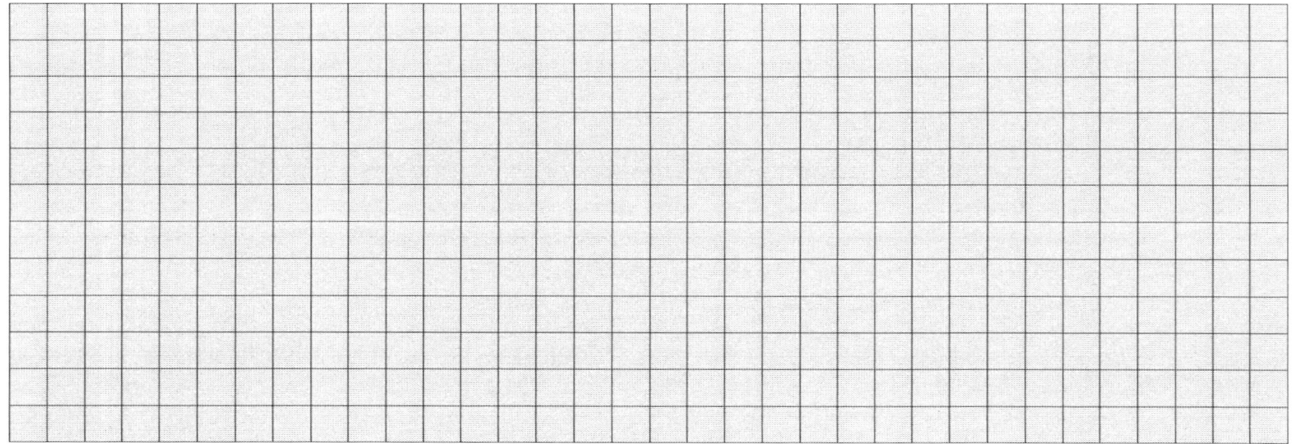

Schätze das Gewicht, das auf den Schülern im Sandwich lastet, und überlege dir, wieso das Gewicht die Schüler nicht erdrückt?

Zeichne eine Weichbodenmatte von 3 Seiten.

Name: ______________________ Klasse: ______

Im unten abgebildeten Datenkasten findest du Informationen, die dir helfen, weitere Aufgaben zu entwerfen!

DATEN:

Maße einer Weichbodenmatte:	300 cm x 200 cm x 20 cm
Gewicht einer Weichbodenmatte:	40 kg
Durchschnittsgewicht eines zwölfjährigen Jungen:	45 kg
Maße einer Einfachturnhalle:	15 m x 26 m

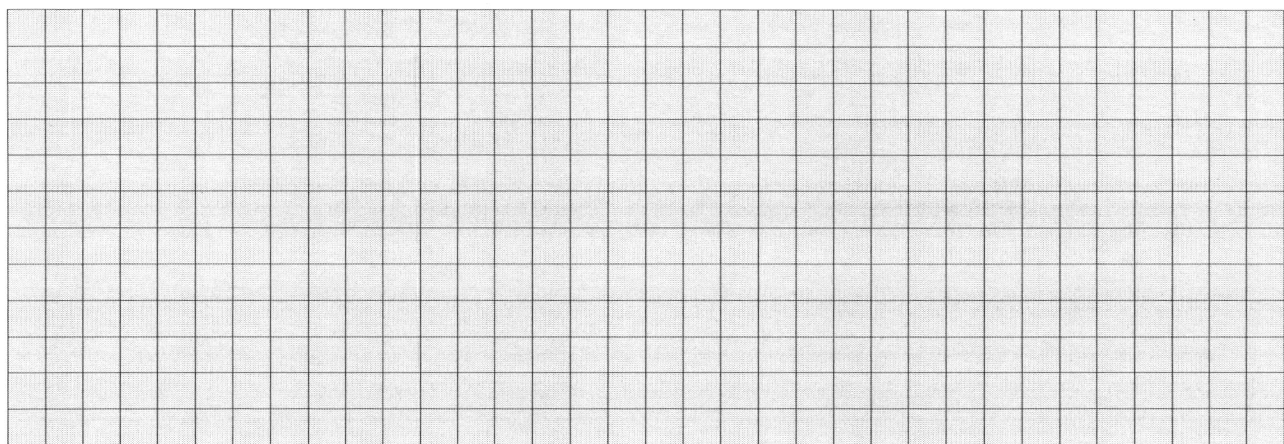

a) Berechne das Volumen einer Weichbodenmatte.
b) Wie viel Gewicht wiegen die springenden Jungs und die Matte gemeinsam?
c) Wie viel wiegt das „Sandwich" mit allem (alle Jungs plus die Matten)?

a) Ein Food-Art-Künstler will ein Doppel-Riesensportler-Sandwich bauen, das 480 kg wiegt. Er hat 3 Weichbodenmatten zur Verfügung. Wie viele Jungs liegen zwischen den Matten? Rechne und mache dann eine Skizze zur besseren Vorstellung.

b) Eine ängstliche Turngruppe möchte den ganzen Hallenboden einer Einfachturnhalle mit Weichbodenmatten auslegen. Wie viele Matten benötigen sie? Mache eine Skizze, wie die Matten am besten ausgelegt werden, und rechne.

Name: ______________________ Klasse: ______

15 • Quaderbäume

Ergänze die Mindmap!

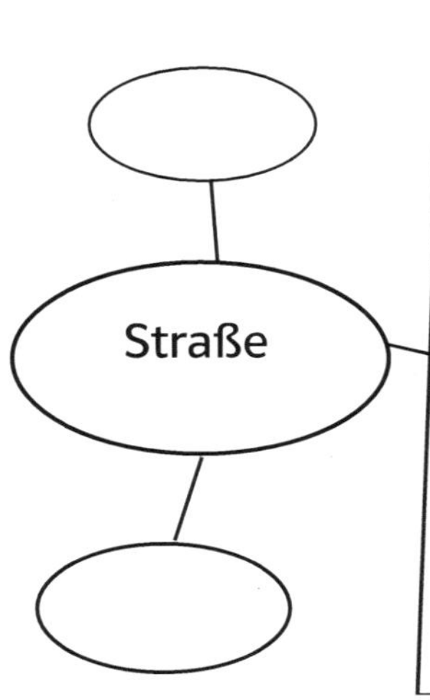

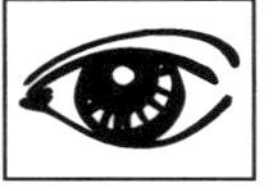

Formuliere eine einfache Rechenaufgabe und berechne!

Schätze die Maße des großen Baumes.

Zeichne einen der Bäume ab. Betone dabei die Besonderheit des Baumschnittes.

Name: ______________________ Klasse: ______

Erfinde eine weitere Aufgabe. Verwende die angegebenen Daten.

DATEN:

Maße der Baumkrone großer Baum:	8 m x 6 m x 3 m (Breite, Höhe, Tiefe)
Maße der Baumkrone mittlerer Baum:	6 m x 4 m x 3 m
Maße der Baumkrone kleiner Baum:	4 m x 2 m x 3 m
Stammhöhe aller Bäume bis zur Krone:	2,70 m
Maße eines Kleinwagens:	Länge 3,6 m, Breite 1,6 m, Höhe 1,4 m

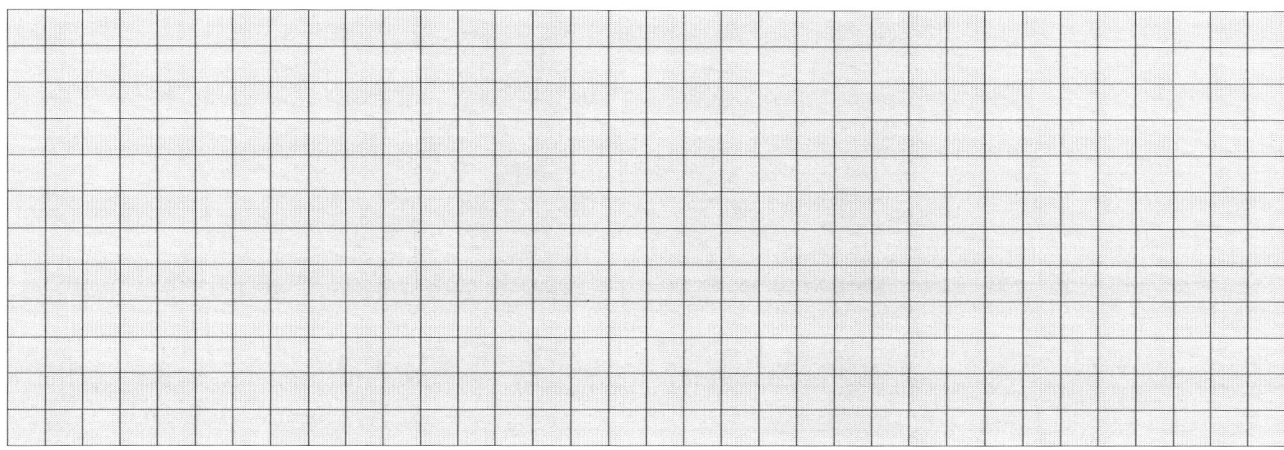

a) Berechne das Gesamtvolumen aller drei Baumkronen.
b) Entlang der Straße „Geoallee" sollen im Abstand von 1 m (zwischen den Baumkronen) Quaderbäume der kleinen Größe auf beiden Seiten der Straße gepflanzt werden. Die Allee ist 200 m lang. Wie viele Bäume werden gebraucht? (Eine Skizze hilft dir.)
c) Wie viele Kleinwagen können in der Geoallee auf einer Straßenseite hintereinander parken, wenn zwischen den Autos ein Abstand von 2 m ist? (Eine Skizze hilft dir.)

TIPP:
Maßstab 1 : 500 bedeutet, dass der Baum in Wirklichkeit 500 Mal so groß ist.

a) Der noch nicht entdeckte Würfelvogel baut unzählige würfelförmige Nester (40 cm x 40 cm x 40 cm) in den mittleren Baum. Wie viele Nester passen maximal in die Baumkrone?
b) Ein Mammutbaum kann 100 m hoch werden. Ein Gärtner möchte dem Baumriesen einen geometrischen Schnitt verpassen, indem er die Krone in viele Würfel, Quader, Kugeln, Kegel etc. schneidet. Zeichne den 2 m großen Gärtner, wie er gerade auf einer 70 m hohen Leiter steht und die Krone schneidet. Zeichne den Baum ca. 20 cm groß (Maßstab 1: 500) und achte auf die Größenverhältnisse.

Name: ______________________ Klasse: ______

16 • Der Würfelturm

Ergänze die Mindmap!

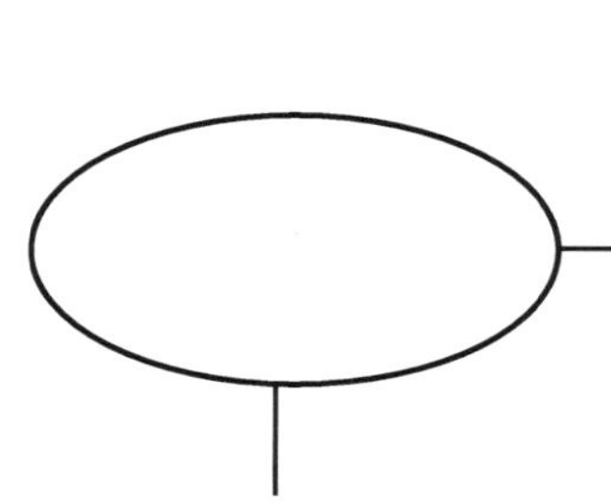

Höhe

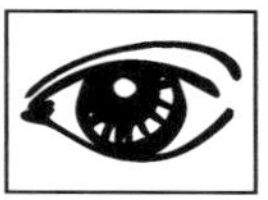

Formuliere eine einfache Rechenaufgabe zu diesem Bild und berechne!

TIPP:
Eine deutsche Frau ist im Durchschnitt 1,65 m groß.

Schätze die Maße des Würfelturms.

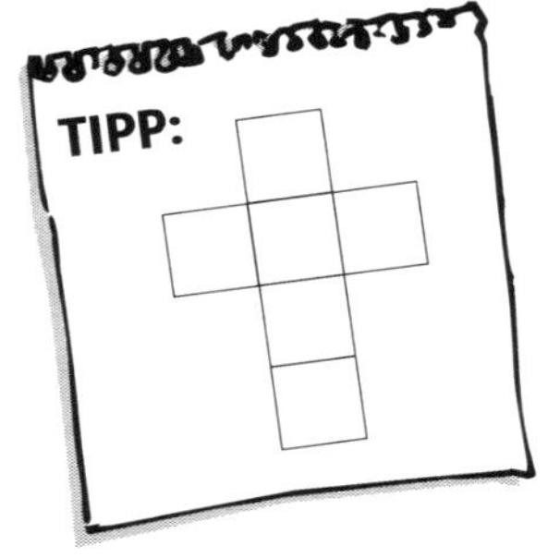

Stelle aus Papier vier gleich große Würfel her.
Baue die Anordnung des Künstlers am Strand nach und skizziere sie.

Finde weitere Möglichkeiten, wie man die vier gleich großen Würfel anordnen könnte, und skizziere auch diese.

Eva-Maria Bablick/Michael Tschakert: Mathe kreativ · 5./6. Klasse · Best.-Nr. 372

Name: ______________________ Klasse: ______

Im unten abgebildeten Datenkasten findest du Informationen, die dir helfen, weitere Aufgaben zu entwerfen.

DATEN:

Seitenlänge eines Würfels:	1,60 m
Anzahl der Fensterscheiben:	20 pro Würfel
Maße einer Fensterscheibe	Breite 26 cm, Höhe 52 cm
Maße Betonsockel	Länge 3,50 m, Breite 3,50 m, Höhe 80 cm
1 m^3 Beton wiegt 2000 kg	

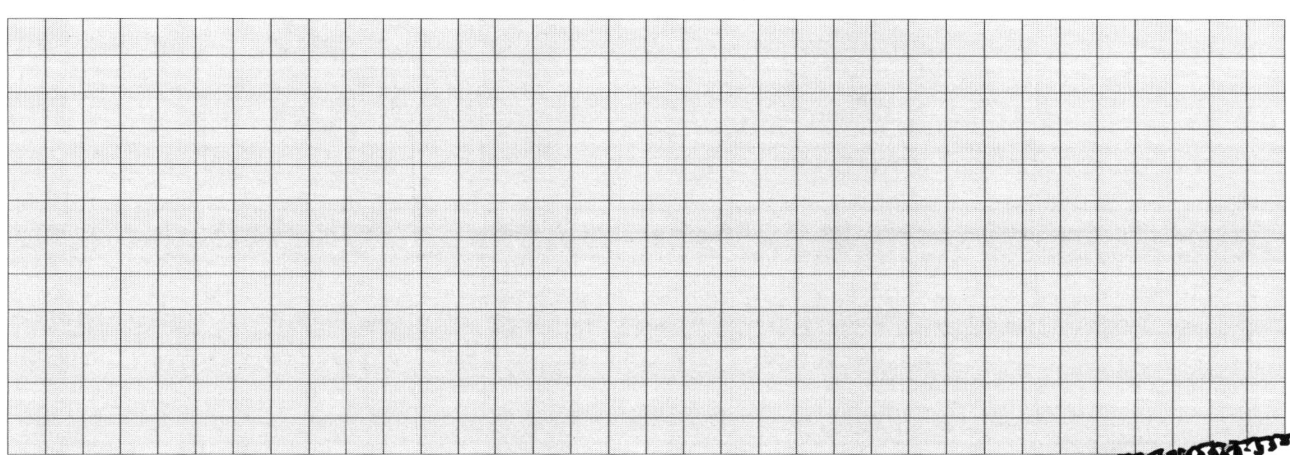

TIPP:
Bei einem Maßstab von 1 : 10 ist das Dargestellte nur noch ein Zehntel seiner echten Größe.

Zeichne den Würfelturm in einem geeigneten Maßstab.

a) In den Würfelturm wurden Glasfenster eingebaut. Aus wie viel m^2 Glas besteht der Würfelturm?
b) Wie viel wiegt der Betonsockel, auf dem das Kunstwerk befestigt wurde?

Im Rahmen einer Kunstaktion befüllte eine Künstlerin den unterstes Würfel ein Viertel mit Wasser und färbte das Wasser gelb. Den zweiten Würfel von unten befüllte die Künstlerin zur Hälfte mit orange gefärbtem Wasser. Den nächsten Würfel befüllte sie zu drei Vierteln mit Wasser. Dieses Wasser färbte sie rot. Den letzten Würfel befüllte sie komplett mit lila gefärbtem Wasser.
a) Zeichne in deine maßstabsgetreue Skizze vom Würfelturm ein, wie hoch das Wasser in den jeweiligen Würfeln steht. Färbe die Wasserstände in der entsprechenden Farbe.
b) Wie viele Liter Wasser hat die Künstlerin gebraucht?

17 • Die Schatztruhe

Ergänze die Mindmap!

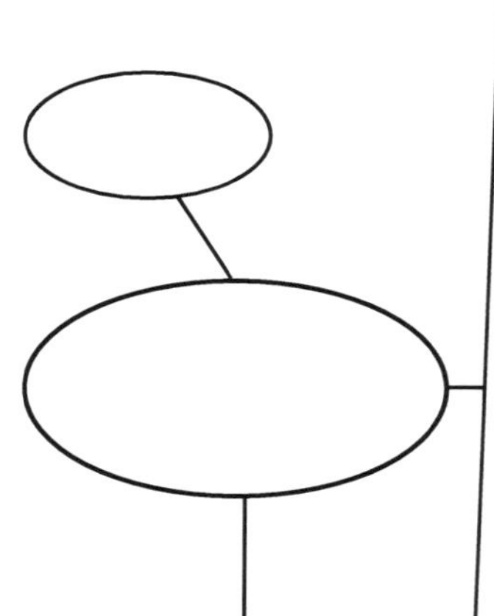

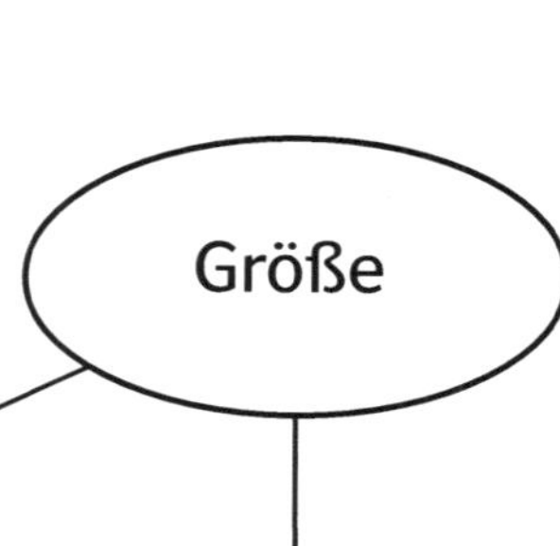

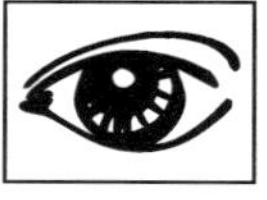

Formuliere eine einfache Rechenaufgabe zu diesem Bild und berechne!

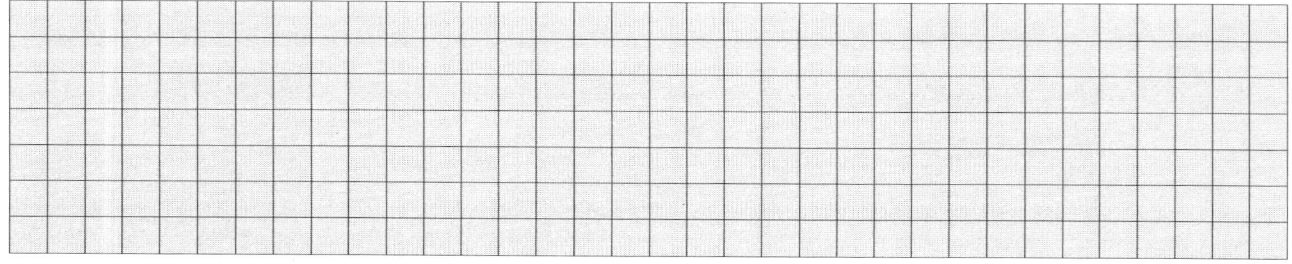

b) Die Schatztruhe hat ohne Deckel die Form eines Quaders. Welche weiteren geometrischen Grundformen kennst du? Suche Beispiele im Klassenzimmer.

a) Schätze die Maße der Schatztruhe.
b) Kreuze an! In die Schatztruhe würde ungefähr so viel Wasser hineinpassen wie …

- ☐ in eine Sektflasche (3 Liter).
- ☐ in ein 500 Liter Weinfass.
- ☐ in ein Hallenbad (250 000 m^3).

a) Zeichne die geschlossene Truhe von der Seite. Achte auch auf die wertvollen Verzierungen.
b) Zeichne ein Schrägbild der Schatztruhe ohne Deckel. Achte darauf, dass deine Zeichnung ungefähr die gleichen Seitenverhältnisse hat wie die Schatztruhe in Wirklichkeit.

Name: ______________________ Klasse: ______

Im unten abgebildeten Datenkasten findest du Begriffe und Informationen, die dir helfen, weitere Aufgaben zu entwerfen!

DATEN:

Höhe Schatztruhe:	0,5 m (Außenmaße)
Breite Schatztruhe:	0,7 m (Außenmaße)
Länge Schatztruhe:	1,4 m (Außenmaße)
Wandstärke der Truhe:	3 cm
Material der Schatztruhe:	Kirschbaumholz

1 m^3 Kirschbaumholz wiegt 600 kg
1 m^3 Gold wiegt 20.000 kg

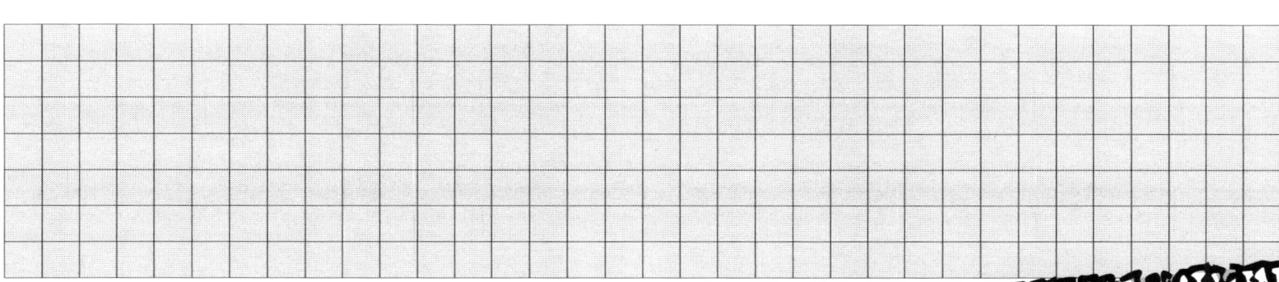

a) Zeichne das Netz der Schatztruhe ohne Deckel maßstabsgetreu (1 m = 10 cm).

b) Wie viele Quadratmeter Kirschholz wurden für den Bau der Schatztruhe ohne Deckel benötigt? Färbe in deiner Skizze zunächst alle Flächen, die du zum Berechnen brauchst, farbig.

c) Wie viele Liter Wasser würden in die leere Schatztruhe passen? Vernachlässige auch hier die Wandstärke des Kiefernholzes. Überprüfe nun selbst deine Schätzungen von Seite 40.

d) Die Truhe ist bis zum Rand mit Gold gefüllt. Wie viel wiegt das Gold in der Schatztruhe? Vernachlässige auch hier die Wandstärke des Kiefernholzes und die Luft zwischen den Goldstücken.

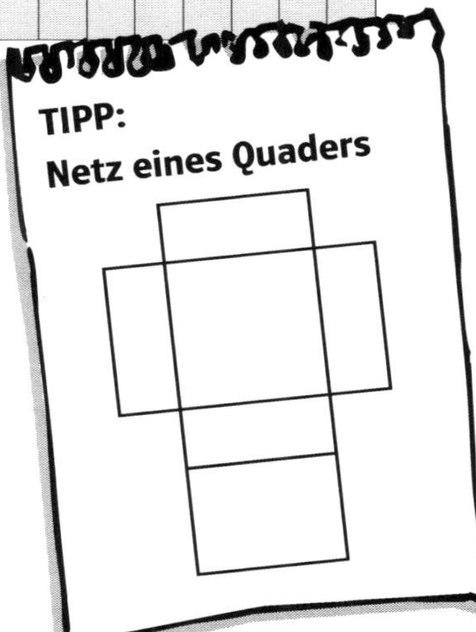

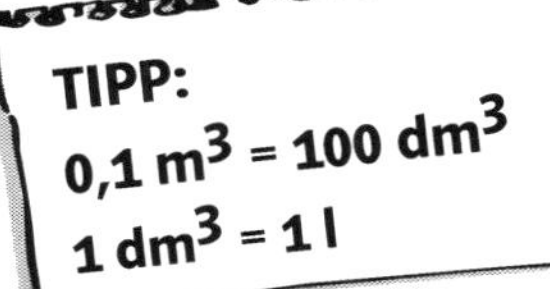

Die Kluge!
Eine kluge Königin war bei ihrem Gemahl in Ungnade gefallen. Daraufhin warf er sie aus dem Schloss. Er gewährte seiner Königin aber einen letzten Wunsch. Sie durfte das Liebste und Beste mitnehmen. Die Königin war schlau. Sie betäubte ihren König und trug ihn aus dem Schloss.

a) Wie viele Könige würden in die Schatztruhe passen, wenn ein Durchschnittsmann ein Volumen von ca. 0,1 m^3 hat und die entstehenden Zwischenhohlräume in der Schatztruhe bei einem Drittel des Quadervolumens liegen?

b) Stell dir vor, du bist die kluge Königin und wirst nun selbst aus deinem Schloss geworfen. Allerdings darfst du dir so viele Gegenstände mitnehmen, wie in die Truhe passen. Welche Gegenstände nimmst du mit?

18 • Die Betonspirale

Ergänze die Mindmap!

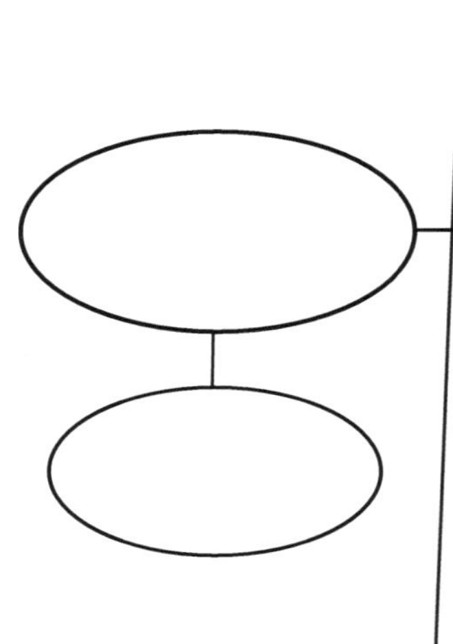

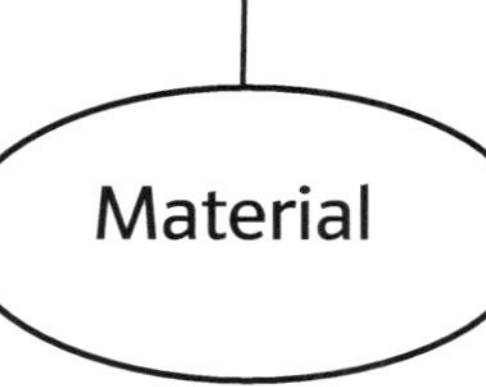

Formuliere eine einfache Rechenaufgabe zu diesem Bild und berechne!

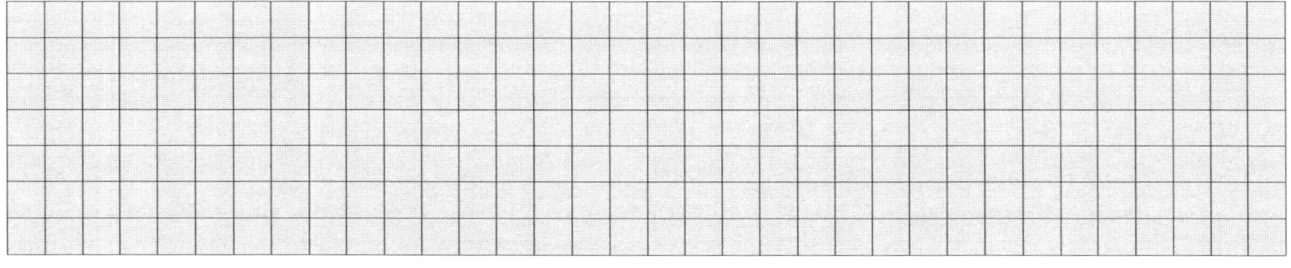

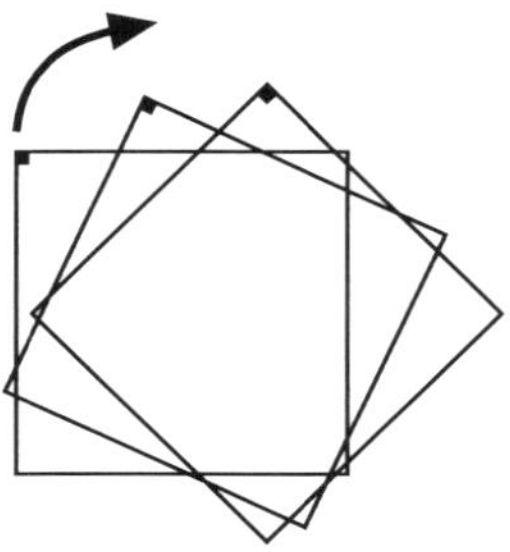

a) Zeichne die Betonelemente von vorne. Beginne mit dem Element ganz hinten. Die Skizze rechts hilft dir. (Tipp: Markiere die linke obere Ecke des hinteren Elements und beobachte, wohin sich diese Ecke scheinbar bewegt.)

b) Die Betonteile scheinen sich zu drehen. Wodurch entsteht dieser Eindruck? Um wie viel ist das hintere Element im Vergleich zum vordersten gedreht?

c) Erstelle eine Zeichnung, in der die Drehung mit weiteren acht Elementen weitergeführt wird.

Im unten abgebildeten Datenkasten findest du wichtige Daten zu der Betonspirale. Erfinde eine weitere Aufgabe.

DATEN:

Außenmaße der Elemente:	4 m x 4 m (Breite und Höhe)
Tiefe der Elemente:	1 m
Dicke der Elemente:	0,2 m
Abstand der Elemente voneinander:	0,5 m
Gewicht eines Kubikmeter Betons:	2400 kg
Durchschnittl. Schrittlänge eines Menschen :	0,5 m

a) Wie viele Betonelemente bräuchte man, um scheinbar eine ganze Drehung zu erzeugen?

b) Mache eine Skizze eines Betonteils und bemaße diese genau. Berechne das Volumen eines Elements. Was wiegt ein Teil in etwa? Welches Volumen haben alle 8 Teile gemeinsam? Welches Gewicht?

c) Wie viele Schritte muss man vom ersten bis zum letzten Betontor gehen? (Vernachlässige die Krümmung des Weges.)

a) Ein Objektkünstler möchte eine lange Betonspirale entwerfen. Er lässt 40 Teile gießen. Wie lang wird die Spirale?
b) Wie viel würde der Beton kosten, wenn 1 m^3 Beton 120 € kostet?

Name: ______________________ Klasse: ______

19 • „Persertisch"

Ergänze die Mindmap!

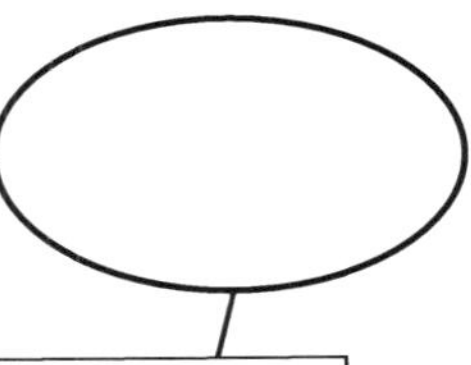

Tisch

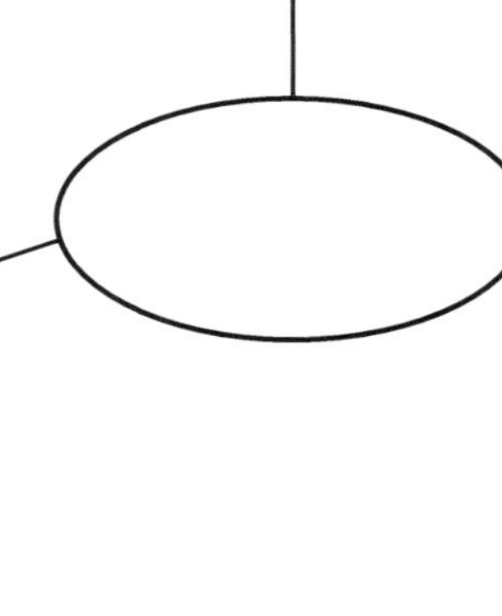

Formuliere eine einfache Rechenaufgabe zu diesem Bild und berechne!

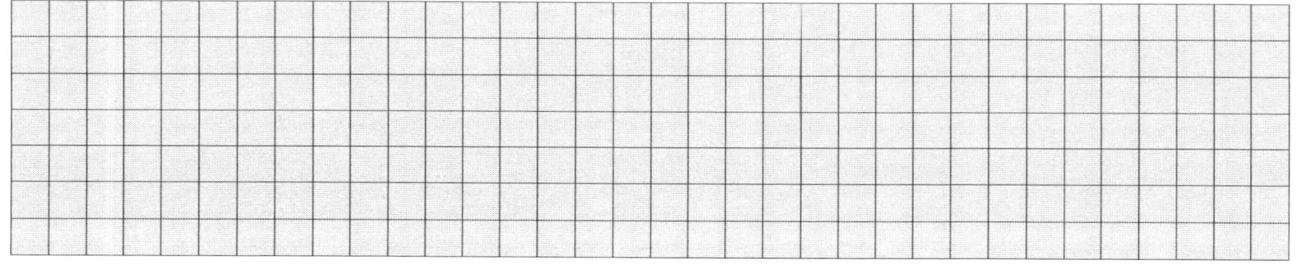

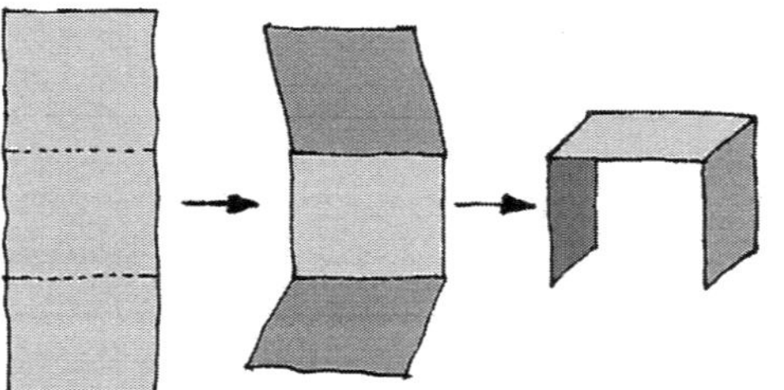

Die Holzteile werden als 3-teiliger Tisch verkauft, den man auf viele verschiedene Arten aufstellen und nützen kann. Baue aus Papierstreifen die 3 Holzteile nach und probiere viele Varianten aus. Achte darauf, dass die Teile ineinander passen.

Wie würdest du den Tisch in deinem Zimmer aufbauen? Zeichne deine „Lieblingsvariante" vom Modell ab.

Name: ______________________ Klasse: ______

Im unten abgebildeten Datenkasten findest du Begriffe und Informationen, die dir helfen, weitere Aufgaben zu entwerfen.

DATEN:

Großes Teil:	Breite 55 cm (außen) Höhe 45 cm
Mittleres Teil:	Breite 45 cm (außen) Höhe 40 cm
Kleines Teil:	Breite 35 cm (außen) Höhe 35 cm
Tiefe aller Holzteile:	35 cm
Stärke (Dicke) aller Holzteile:	4,5 cm

Kater „Puschl" Rasse: Perser
Gewicht: 5 kg
Alter: 5 Jahre

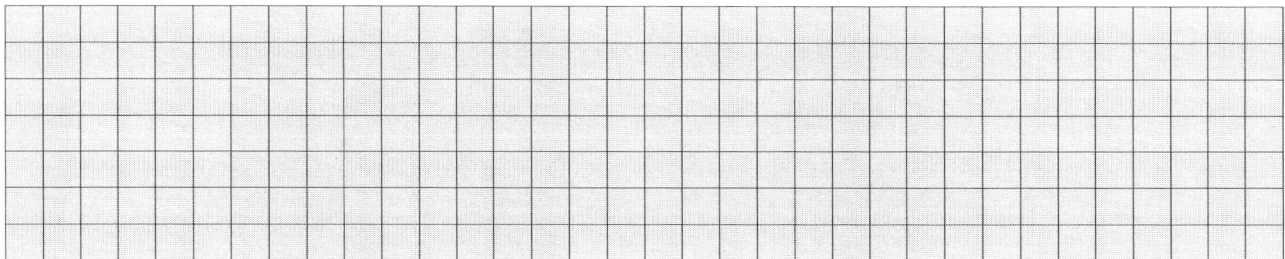

a) Skizziere die 3 Holzteile wie in der Skizze rechts leicht schräg von vorne und bemaße die Skizze mit allen Maßen aus dem Datenkasten.
b) Berechne das Volumen der 3 Teile und addiere die Zahlen, um das Gesamtvolumen zu erhalten.
c) Stelle dir vor, es gäbe noch ein kleineres (viertes) Holzteil. Welche Maße hätte es?

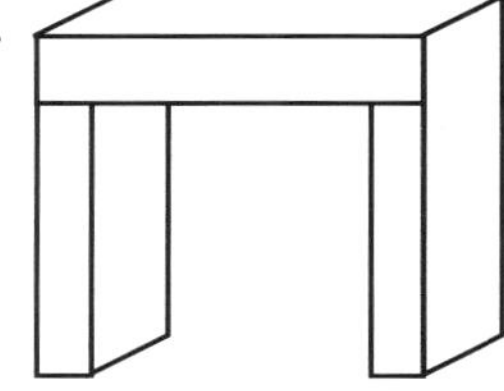

a) Der Hersteller gibt an, dass der Tisch mit 120 kg belastet werden kann. Wie viele Perserkater vom Typ „Puschl" würde der Tisch aushalten?
b) Puschl wiegt das Doppelte der Perserdame Pebby, die 2 Schwestern mit demselben Gewicht hat wie sie. Puschls Bruder Popeye ist ein Vielfraß und wiegt 1,5 kg mehr als Puschl. Die Babykatze Püppi wiegt nur die Hälfte von Pebby. Püppis Schwester Nea wiegt 200 g weniger als Püppi. Wie viel wiegt die Katzenfamilie zusammen?
c) Von den 3 Perserkatzen Puschl, Pebby und Popeye weiß man:

a) Sie liegen gerne auf der Heizung, im Bett und auf dem Teppich.
b) Sie haben 3 verschiedene Lieblingsbeschäftigungen: Schlafen, Fernsehen und Jagen.
c) Sie haben 3 verschiedene Lieblingsspeisen: Fisch, Schnitzel und Mäuse.
d) Puschl mag Mäuse nicht so gern. Fisch auch nicht.
e) Puschl und Pebby mögen es beide warm.
f) Das Weibchen liebt Tiersendungen.
g) Die Katze, die Fisch mag, liegt gerne auf der Heizung.
h) Im warmen Bett kann man prima schlafen.

	Lieblingsplatz	Lieblingsspeise	Lieblingsbeschäftigung
Puschl			Schlafen
Pebby			
Popeye			

Fülle die Tabelle aus!

20 • Geopolis

Ergänze die Mindmap!

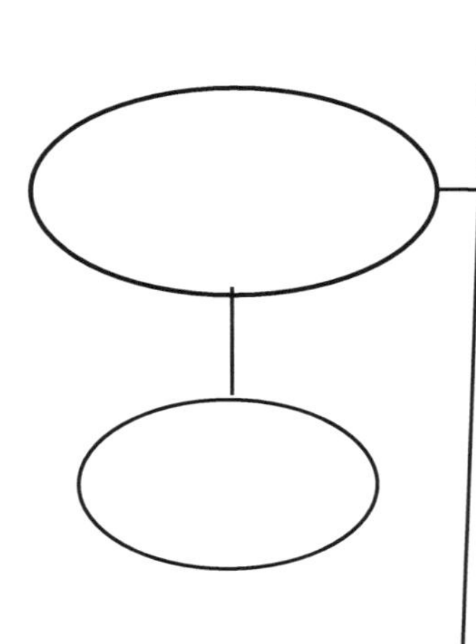

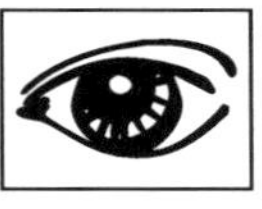

Formuliere eine einfache Rechenaufgabe zu diesem Bild und berechne!

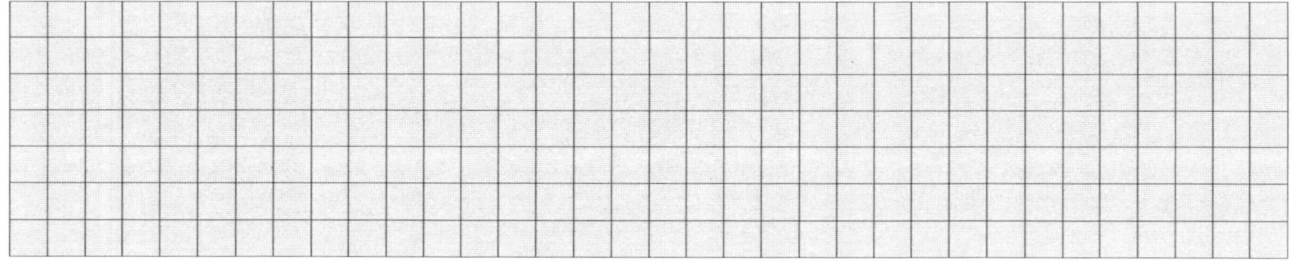

Wir schreiben das Jahr 2459. Der Lebensraum auf der Erde wird immer knapper. Deshalb hat die Menschheit folgenden Plan: Sie wollen den fernen Planeten Pandora besiedeln. Die gigantische, höchst moderne Stadt Geopolis soll auf dem unwirklichen Planeten entstehen. Auf dem Bild siehst du das von Architekten entwickelte Modell einer Wohnanlage auf Geopolis.

Zeichne die einzelnen Bauteile des Modells der Wohnanlage nebeneinander und benenne die Körper mit mathematischen Fachbegriffen.
Für gute Zeichner: Zeichne die Draufsicht und die Schrägansicht.

TIPP:
Die Astronautenfiguren haben eine Höhe von 5 cm.

Schätze die Maße des Modells.

Name: ______________________ Klasse: ______

Die Skizze des Modells verrät dir die genauen Maße des Modells.
Was könntest du berechnen? Überlege dir eine Aufgabe.

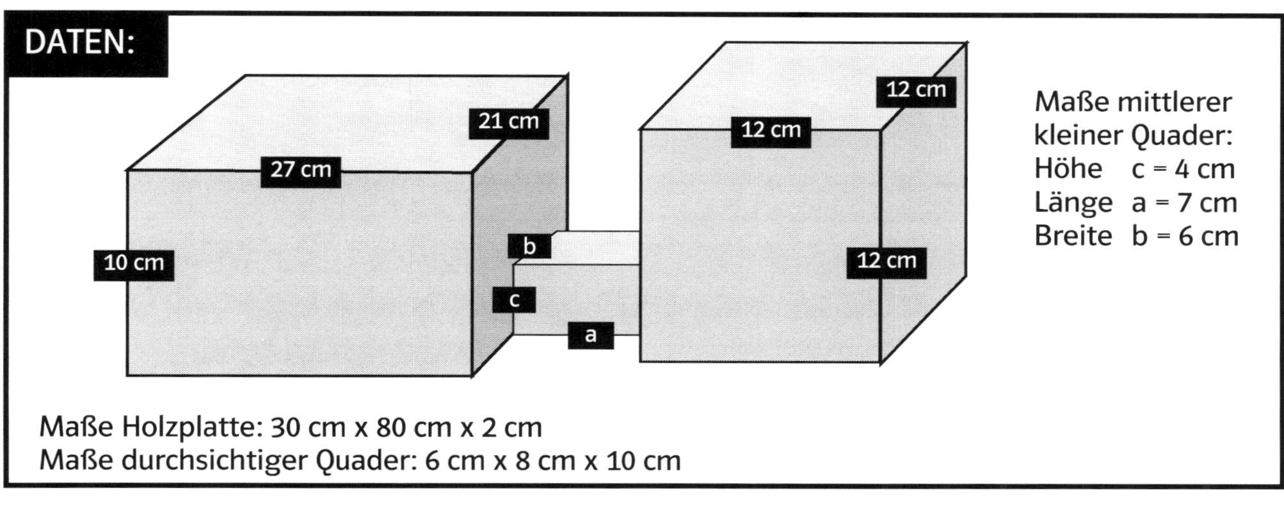

a) Das Modell wurde im Maßstab 1 : 100 gefertigt. Welche Maße hat die Wohnanlage in Wirklichkeit?

b) Du ziehst in den gelben Körper ein. Wie viel Volumen Luft enthält dieses Gebäude?

c) Der blaue Körper wird mit Spezialglas verkleidet.
   1) Zeichne ein Netz des blauen Quaders in Modellgröße und färbe alle Flächen, die mit Spezialglas verkleidet werden blau.
   2) Wie viele m^2 Spezialglas werden benötigt?
   3) Was kostet das Verkleiden des blauen Körpers, wenn 1 m^2 Spezialglas 30 € kostet?

TIPP:
Beim Maßstab 1:100 entspricht 1 cm im Modell 100 cm in Wirklichkeit.
1 cm entspricht 100 cm
1 cm entspricht 1 m.

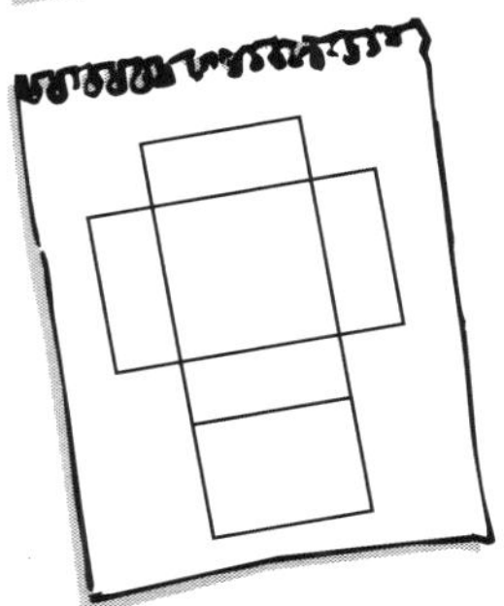

Das neue Superkaufhaus „Spacemart" soll die 80-fache Einkaufsfläche einer Wohnanlage haben.
Wie groß ist die Einkaufsfläche?

1 • Hoch hinaus

Rechts: 11 • 15 s = 165 s = 2 min 45 s
Links: 11 • 32 s = 352 s = 5 min 52 s
Ca. 120 Haltegriffe

165 s • 17 = 2.805 = 46 min 45 s
165 s + 16 • 82,5 = 1.485 s = 24 min 45 s (22 min schneller)

4 m pro Minute: in 1 h: 240 m
An einem Tag: 24 • 240 m = 5.760 m

2 • Der Geldteppich

a) 9 € entspricht: 5 Münzen: 4 • 2-Euro-Münze und 1 • 1-Euro-Münze
b) 9 € : 0,2 = 45 (20-Cent-Münzen)
c) 18 • 2,38 mm = 42,84 mm = 4,28 cm

680 € : 0,50 € = 1.360 (Münzen)
1.360 • 2,38 mm = 3.236,8 mm ~ 3,2 m

3 • Tutti Frutti

a) 1,20 € + 3,50 € + 0,75 € + 1,89 € + 2,97 €= 10,31 €
   Nein, der 10-Euro-Schein reicht nicht.
b) 4,99 € + 1,29 € + 0,99 € + x • 1,19 € = 10,84 €
   7,27 € + x • 1,19 € = 10,84 €
   x • 1,19 € = 3, 57 €
   x = 3
   Sie hat 3 Schalen Pflaumen mit je 500 g gekauft.

   20 € - 10,84 € = 9,16 €
   Sie bekommt 9,16 € zurück.
   1 • 5-Euro-Schein, 2 • 2-Euro-Münzen, 1 • 10-Cent-Münze, 1 • 5-Cent-Münze

4 • Von der Stange

a) 2 • 6 € + 3,50 € + 2 • 4 € = 23,50 €
   50 € - 23,50 € = 26,50 €

b) 3 • 3,50 € + 6 € + x • 5,50 € = 27,50 €
   x = 2

5 • Soleier

a) 20 Eier (hart gekocht), 400 ml Essig, 800 ml Wasser, 4 EL Salz, 4 Lorbeerblatt, 4 Msp. Majoran, 1 TL Pfeffer (Körner, bunt), 6 Zehen Knoblauch

b) 5.200 cm^3 • 3/4 = 3.900 cm^3

   Volumen Eier: 18 • 60 cm^3 = 1.080 cm^3

   Volumen Flüssigkeit: 3.900 cm^3 - 1.080 cm^3 = 2.820 cm^3

a) 12 • 5 = 60 –> Sie kann nach 5 Tagen 6 Schachteln komplett füllen.
b) 3 Hühner legen weiße Eier.
   9 Hühner legen braune Eier.
   –> 9 von 12 = 9/12 = 3/4

6 • Zahlenlotterie

a) 3, 5, 6, 7, 11, 13, 14, 15, 17, 20, 22, 25, 27, 28, 30, 31, 32, 34, 38, 39, 47, 51, 58, 59, 60
b) 692

a) Volumen Kugel = 520.000 cm^3
   520.000 • 20 g = 10.400.000 g = 10.400 kg = 10,4 t
b) 10.400 • 400 € = 4.160.000 €

7 • Die Anschlagtafel

a) 2 • (100 cm • 150 cm) = 500 cm = 5 m

b)

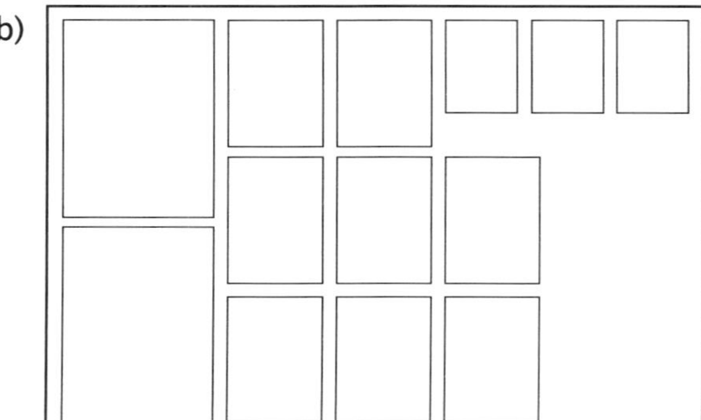

Ja, die Plakate passen alle auf die Anschlagtafel.

8 • Das Gemälde

a) A = 5 cm • 3,5 cm + 11,6 cm • 3,5 cm + 8 cm • 8 cm + 6 cm • 10,5 cm + 1,5 cm • 1,5 cm + 2 cm • 2 cm + 3 cm • 3 cm = 200,35 cm^2

b) Linien: 12 cm + 12,2 cm + 18 cm + 19 cm + 20,5 cm + 22,4 cm + 23 cm + 15,5 cm = 142,6 cm

Rasenfläche: 88 m^2
88 • 40 g = 3.529 g ~ 3,5 kg

9 • Im Tor

a) A Tor: 17,8608 m^2
A Feld: 7.140 m^2
b) 50 • 70 cm = 3.500 cm = 35 m
Entfernung zum Tor: 52,5 m - 35 m = 17,5 m
c) 11 : 51 ~ 0,2 s

14 Spieler

10 • Die Prinzessin aus dem Rahmen

a) 2 • 100 cm + 2 • 70 cm = 340 cm = 3,4 m
3,4 m • 3 €/m = 10,2 €

b) $A_{\text{Glasplatte}}$ = 100 cm • 70 cm = 7.000 cm^2 = 0,7 m^2
0,7 m^2 • 25 € = 17,5 €

c) $A_{\text{Fußballfeld}}$ = 105 m • 68 m = 7.140 m^2
$A_{\text{Bild mit Rahmen}}$ = 103 cm • 72 cm = 7.416 cm^2 = 0,7416 m^2 ≈ 0,74 m^2
7.140 m^2 : 0,74 m^2 = 9.648,6486… ≈ 10.000

11 • Toilettenpapier de luxe

b) $A_{\text{Bodenfliese}}$ = a • a = $(14\text{ cm})^2$ = 196 cm^2
A_{gesamt} = 6 • a • a = 6 • $(14\text{ cm})^2$ = 1.176 cm^2
d) $A_{\text{Badezimmer}}$ = a • b = 3 m • 1,5 m = 4,5 m^2
--> 4,5 • 29,90 € = 134,55 €

a) 400.000 km = 40.000.000.000 cm
40.000.000.000 cm : 10 cm = 4.000.000.000 Toilettenpapierrollen
b) 200 • 14 cm = 2.800 cm
40.000.000.000 cm : 2.800 cm ≈ 1.428.571 Toilettenpapierrollen

12 • Kieselmosaik

a) A = 80 cm • 80 cm = 6.400 cm^2 = 64 dm^2
A = 6.400 cm^2 • 11 = 70.400 cm^2 ~ 7 m^2

b) Schuhgröße: (24 cm + 1,5 cm) • 1,5 = 38,25 (38)

a) Schuhgröße: (50 cm + 1,5 cm) • 1,5 = 77,25 (77)
400 m : 2,5 m = 160 (Schritte)

b) 300 m : 2,5 m = 120
100 m : 2 m = 50
120 + 50 = 170 (10 Schritte mehr)

13 • Im Schließfach

a) $V_{\text{Schließfach}}$: 112.500 cm^3 = 112,5 dm^3 = 0,1125 m^3
$V_{\text{alle Schließfächer}}$: 11,25 m^3

b) A = 90 cm • 25 cm • 100 = 225.000 cm^2 = 22,5 m^2
Anzahl der Lackdosen: 22,5 : 2,5 = 9
Preis: 9 • 4,50 € = 40,50 €

c) Rot: 90 cm • 25 cm • 60 = 135.000 cm^2 = 13,5 m^2
Anzahl der Lackdosen: 13,5 : 2,5 = 5,4 (6 Dosen)
Preis: 6 • 4,50 € = 27 €

Blau: 90 cm • 25 cm • 40 = 90.000 cm^2 = 9 m^2
Anzahl der Lackdosen: 9 : 2,5 = 3,6 (4 Dosen)
Preis: 4 • 3,10 € = 12,40 €

Gesamtpreis: 39,40 €

Süßigkeiten: 20
Ratten: 40
Schlösser: 40

Halloween-Rätsel: Genauso lange, da keine proportionale Zuordnung.

14 • Sportlersandwich

a) V_{Matte} = 1.200.000 cm^3 = 1,2 m^3
b) Gewicht: 5 • 45 kg + 40 kg = 265 kg
c) Gewicht: 10 • 45 kg + 80 kg = 530 kg

a) 480 kg = 3 • 40 kg – x • 45 Kg
x = 8

b) A_{Halle}: 390 m^2
A_{Matte}: 6 m^2
390 m^2 : 6 m^2 = 65 (Matten)

15 • Quaderbäume

a) Großer Baum: 144 m^3
Mittlerer Baum: 72 m^3
Kleiner Baum: 24 m^3
Gesamtvolumen: 240 m^3

b) 200 m : (4 m + 1 m) • 2 = 80
200 m : (3,60 m + 2 m) ~ 35,7 = 35

72.000 dm^3 : 64 dm^3 = 1.125 (Nester)

16 • Der Würfelturm

a) $A_{Fensterscheibe}$ = a • b = 26 cm • 52 cm = 1.352 cm^2
–> 80 • 1.352 cm^2 = 108.160 cm^2 = 10,816 m^2

b) $V_{Betonsockel}$ = a • b • c = 3,5 m • 3,5 m • 0,8 m = 9,8 m^3
Gewicht: 9,8 m^3 • 2.000 kg = 19.600 kg

b) 1/4 von $(16\ dm)^3$ = 1.024 dm^3
1/2 von $(16\ dm)^3$ = 2.048 dm^3
3/4 von $(16\ dm)^3$ = 3.072 dm^3
$(16\ dm)^3$ = 4.096 dm^3

Gesamt: 1.024 dm^3 + 2.048 dm^3 + 3.072 dm^3 + 4.096 dm^3 = 10.240 dm^3 = 10.240 l

17 • Die Schatztruhe

b) A_{Boden} = a • c = 14 dm • 7 dm = 98 dm^2
$A_{Seitenflächen}$ = 2 • b • c = 2 • 5 dm • 7 dm = 70 dm^2
$A_{Vorderflächen}$ = 2 • a • b = 2 • 14 dm • 5 dm = 140 dm^2
A_{Gesamt} = 98 dm^2 + 70 dm^2 + 140 dm^2 = 308 dm^2 = 3,08 m^2

c) $V_{Schatztruhe}$ = a • b • c = 14 dm • 5 dm • 7 dm = 490 dm^3
= 490 l

d) 1 m^3 Gold wiegt 20.000 kg
–> 20.000 kg • 0,49 m^3 = 9.800 kg

a) 2/3 von 490 l = 326,67 l
–> Es passen 3 Könige in die Truhe

18 • Die Betonspirale

a) 29 (Betonelemente)
b) V = 4 m • 4 m • 1 m – 3,6 m • 3,6 m • 1 m =
16 m^3 - 12,96 m^3 ~ 3 m^3
Gewicht: 2.400 kg x 3 = 7.200 kg
V alle Teile: 24 m^3
8 Teile: 57,6 t

c) Strecke: 8 m + 7 • 0,5 m = 11,5 m
Schritte: 11,5 : 0,5 = 23 Schritte

a) Strecke: 40 m + 39 • 0,5 m = 59,5 m
b) Kosten: 40 • 3 m^3 • 120 € = 14.400 €

19 • Persertisch

b) Gesamtvolumen:
55 cm • 45 cm • 35 cm + 45 cm • 40 cm • 35 cm + 35 cm • 35 cm • 35 cm = 192.500 cm^3 = 192,5 dm^3
c) 25 cm • 30 cm • 35 cm (Breite/Höhe/Tiefe)

a) 120 kg : 5 kg = 24
b) Puschl: 5 kg
Pebby und Schwestern: 7,5 kg
Popeye: 6,5 kg
Püppi: 1,25 kg
Nea: 1,05 kg
Gesamtgewicht: 21,3 kg

	Lieblingsplatz	Lieblingsspeise	Lieblingsbeschäftigung
Puschl	warmes Bett	Schnitzel	Schlafen
Pebby	Heizung	Fisch	Fernsehen
Popeye	Teppich	Mäuse	Jagen

20 • Geopolis

a)

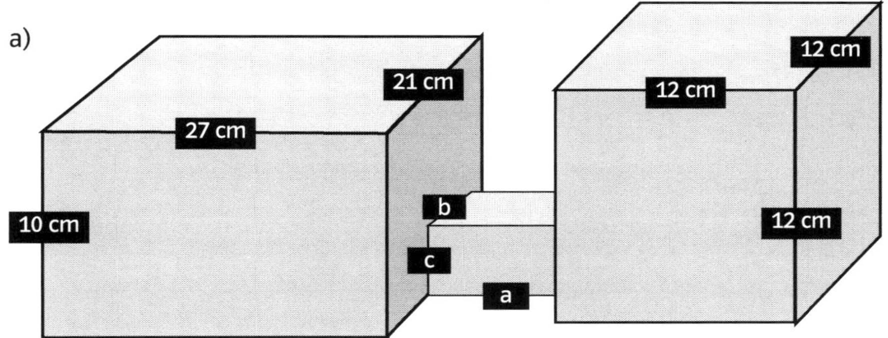

Maße mittlerer kleiner Quader:
Höhe c = 4 cm
Länge a = 7 cm
Breite b = 6 cm

b) $V_{\text{Würfel}} = 12\text{ m} \cdot 12\text{ m} \cdot 12\text{ m} = 1.728\text{ m}^3$

c)
2) $A = 2 \cdot (4\text{ m} \cdot 7\text{ m}) + 6\text{ m} \cdot 7\text{ m} = 56\text{ m}^2 + 42\text{ m}^2 = 98\text{ m}^2$
3) $98\text{ m}^2 \cdot 30\text{ €/m}^2 = 2.940\text{ €}$

Fläche Wohnanlage:
$27\text{ m} \cdot 21\text{ m} + 7\text{ m} \cdot 6\text{ m} + 12\text{ m} \cdot 12\text{ m} = 567\text{ m}^2 + 42\text{ m}^2$
$+ 144\text{ m}^2 = 753\text{ m}^2$

Fläche „Spacemart“:
$80 \cdot 753\text{ m}^2 = 60.240\text{ m}^2$